COIMBRA
JURÍDICA

© JUNHO 2025. Imprensa da Universidade de Coimbra.

Coordenação: Alexandre Dias Pereira

Título: Direitos Humanos e Globalização Digital

Edição

Imprensa da Universidade de Coimbra

Email: imprensa@uc.pt

URL: http://www.uc.pt/imprensa_uc

Vendas online: http://livrariadaimprensa.uc.pt

Coordenação editorial

Maria João Padez de Castro

Design: Carlos Costa

Infografia: Imprensa da Universidade de Coimbra

Execução gráfica: KDP

ISBN: 978-989-26-2742-7

eISBN: 978-989-26-2743-4

DOI: https://doi.org/10.14195/978-989-26-2743-4

Alexandre Dias Pereira (Coord.)

DIREITOS HUMANOS E GLOBALIZAÇÃO DIGITAL

Imprensa da Universidade de Coimbra

Coimbra University Press

DIREITOS HUMANOS E GLOBALIZAÇÃO DIGITAL

ALEXANDRE DIAS PEREIRA

(COORD.)

SUMÁRIO

DIREITOS HUMANOS E GLOBALIZAÇÃO DIGITAL: BREVE APRESENTAÇÃO

O primeiro encontro presencial da rede Global Digital Human Rights Network[1], um grupo de investigação criado em 2020 e financiado pela agência europeia COST (European Cooperation in Science and Technology – EU COST Action n.º CA19143), com investigadores de dezenas de países, para explorar os desafios teóricos e práticos colocados aos direitos humanos no contexto da globalização digital em rede, teve lugar nos dias 20 e 21 de setembro de 2021 no Colégio da Trindade da Faculdade de Direito da Universidade de Coimbra.

Intitulado «Current Issues and Awareness of Digital Human Rights", o encontro realizou-se em formato híbrido, contando com mais de 30 participantes presenciais provenientes de toda a Europa, além de muitos outros que participaram por via remota.

No primeiro dia, durante a manhã, teve lugar a reunião do Comité de Gestão; à tarde, realizou-se o plenário, contando na abertura com a presença, em representação do Magnífico Reitor, do Vice-Reitor Prof. Doutor João Nuno Calvão da Silva, do Diretor da Faculdade de Direito, Prof. Doutor Jónatas Machado, do Presidente do Instituto Jurídico,

---

[1] *Website*: https://gdhrnet.eu/

Prof. Doutor Aroso Linhares, e do Presidente (*Action Chair*) da *Global Digital Human Rights Network*, Prof. Doutor Mart Susi.

No segundo dia, teve lugar uma conferência com o anterior juiz português no Tribunal Europeu dos Direitos Humanos, Prof. Doutor Paulo Pinto de Albuquerque, que versou sobre a jurisprudência recente do TEDH (em especial o acórdão *Big Brother*), e do antigo Deputado à Assembleia da República, Dr. José Magalhães, que falou sobre a então "novíssima" Carta Portuguesa de Direitos Humanos Digitais. A moderação da conferência esteve a cargo da subdiretora da Faculdade de Direito, Prof. Doutora Paula Veiga.

Nos dias 21 a 23 de setembro, teve ainda lugar a primeira Escola Prática «Coimbra Training School: Current Issues and Awareness of Digital Human Rights», destinada a aumentar o conhecimento sobre questões de investigação inovadoras relacionadas com o direito dos direitos humanos e a Internet. Esta Escola Prática, dirigida sobretudo a alunos de doutoramento e a recém-doutorados, proporcionou uma introdução às complexas questões jurídicas e técnicas relacionadas com os direitos humanos digitais. Incluiu um *workshop* com apresentação e discussão de trabalhos de investigação sobre a matéria, comunicações temáticas e sessões de *brainstorming*. A Escola contou ainda com as palestras do Juiz do Tribunal de Justiça da União Europeia, Dr. Irmantas Jarukaitis ("The latest case law of the EU Court of Justice in the field of data retention") e do então Bastonário da Ordem dos Advogados, Prof. Doutor Luís Menezes Leitão ("Human Rights Enforcement on the Internet"). Os debates subsequentes foram conduzidos, respetivamente, pela vice-presidente da GHDR Network, Prof. Doutora Vygante Milasiute (Universidade de Vilnius), e pelo antigo Deputado ao Parlamento Europeu e Presidente do Centro de Direitos Humanos da FDUC, Prof. Doutor Vital Moreira.

No Encontro e na Escola foram tratados temas de grande atualidade e importância, como a liberdade de imprensa *online*, os limites da liberdade de expressão, a «*cancel culture*», a proteção dos dados pessoais e da privacidade, a segurança informática, e o papel dos prestadores de serviços intermediários, em especial as plataformas digitais e os motores de pesquisa. A realização do Encontro e da Escola Prática em Coimbra contribuiu para o reforço da posição da cidade do Mondego nas rotas europeias e internacionais da investigação científica, em especial na área do novo Direito Digital.

Assegurar o respeito pelos direitos humanos e a sua proteção na globalização digital é uma preocupação crescente tanto a nível nacional como a nível internacional, desde logo da ONU – Organização das Nações Unidas[2], mas também do Conselho da Europa[3] – que já disponibilizou um breviário de direitos humanos digitais[4] –, assim como de ONG como a Universal Rights[5]. Na Europa, destaca-se a Declaração Europeia sobre os direitos e princípios digitais para a década digital[6], que foi precedida, a nível interno, pela Carta Portuguesa de Direitos Humanos na Era Digital[7], aprovada pela Lei n.º 27/2021 de 17 de maio, alterada pela Lei n.º 15/2022, de 11 de agosto, na sequência da discussão em torno do artigo 6.º sobre desinformação, que também foi objeto de animado debate no Encontro de Coimbra. Por outro lado, o tema dos Direitos Humanos na Era Digital é objeto de jurisprudência, tanto interna[8], como interna-cional[9] e da União Europeia[10]. No campo da investigação científica, têm

---

[2] Office of the United Nations High Commissioner for Human Rights. Digital space and human rights. United Nations Human Rights. https://www.ohchr.org/en/topic/digital-space-and-human-rights

[3] Council of Europe. Human Rights in the Digital Sphere. https://www.coe.int/en/web/freedom-expression/human-rights-in-digital-sphere#

[4] Council of Europe. Guide to Human Rights for Internet Users. https://rm.coe.int/1680301b6e

[5] Universal Rights Group. *Human rights in the digital age: Making digital technology work for human rights.* https://www.universal-rights.org/urg-policy-reports/human-rights-in-the-digital-age-making-digital-technology-work-for-human-rights/

[6] European Union. (2023). https://eur-lex.europa.eu/legal-content/PT/TXT/HTML/?uri=CELEX:32023C0123(01)

[7] Diário da República. (2021). Lei nº 27/2021. https://diariodarepublica.pt/dr/legislacao-consolidada/lei/2021-164870244

[8] Vd. mais recentemente o Acórdão do Tribunal Constitucional n.º 800/2023, de 20 de dezembro.

[9] Vd. por ex. o Acórdão do Tribunal Europeu dos Direitos Humanos, de 25 de maio de 2021, *Big Brother Watch et. al. c. United Kingdom.*

[10] Vd. Acórdão do Tribunal de Justiça de 20 de setembro de 2022, proc. C793/19 | SpaceNet e C794/19 | Telekom Deutschland, ECLI:EU:C:2022:702

igualmente sido publicadas várias obras sobre a problemática dos direitos humanos na Era Digital[11].

Este livro reúne contributos de vários intervenientes no evento e pretende dar um contributo para esse debate, que, seguramente, continuará atual enquanto o digital for o paradigma tecnológico. Para além dos palestrantes e dos participantes, o êxito do Encontro foi possível igualmente graças aos apoios da Reitoria, da Imprensa da Universidade e do Centro de Direitos Humanos da Faculdade de Direito da Universidade de Coimbra. De igual modo, este volume só foi possível graças aos autores que nos enviaram os seus textos e à Imprensa da Universidade que agora os leva à estampa.

A todos e a cada um o nosso muito obrigado.

Alexandre Dias Pereira

---

[11] Vd. por ex. Mathias Klang, Andrew Murray (eds.), *Human Rights in the Digital Age*, Routledge, 2004; Christina M. Akrivopoulou & Nicolaos Garipidis, *Human Rights and Risks in the Digital Era: Globalization and the Effects of Information Technologies*, IGI Global, 2012; Mart Susi (ed.), *Human Rights, Digital Society and the Law: A Research Companion*, Routledge, 2019; Ben Wagner, Matthias C. Kettemann, Kilian Vieth (eds.), *Research Handbook on Human Rights and Digital Technology: Global Politics, Law and International Relations*, Edward Elgar, 2019; Sir Nicolas Bratza, Christos Giakoumopoulos, Dirk Voorhoof, Christopher Docksey, John F Larkin, Síofra O'Leary, Bertrand de la Chapelle, Faiza Patel, Nico van Eijk, Tim Eicke, Lorna McGregor, Robert Spano, Arto Kosonen, Mia Spolander *Human rights challenges in the digital age: judicial perspectives*, COE, 2020; Rebekah Dowd, *The Birth of Digital Human Rights: Digitized Data Governance as a Human Rights Issue in the EU*, Palgrave Macmillan, 2022. Ver também Yes Poullet, *Éthique et droits de l'Homme dans notre société du numérique* <https://www.unige.ch/numerique/fr/actualites/archives/semaine-des-droits-humains-2018/>; Eder Fernandes Monica, José Díaz Lafuente, Los derechos digitales: ¿hacia una nueva generación de derechos humanos? Aproximaciones teóricas desde américa latina y europa, *Revista Direito, Estado e Sociedade*, (61). https://doi.org/10.17808/des.61.1942

CARTA PORTUGUESA DE DIREITOS HUMANOS NA ERA DIGITAL: METEORO JURÍDICO OU ESTRELA POLAR?

José Magalhães

Longamente discutida e com trabalhos preparatórios facilmente acessíveis, a lei que aprovou a Carta Portuguesa de Direitos Humanos na Era Digital começou por parecer uma façanha do Parlamento português, amplamente consensual, desbravando caminhos e abrindo um ciclo de produção de normas regulamentares[1].

A breve trecho, porém, algumas normas sobre o combate à desinformação reduziram o debate da lei a uma polémica pública azeda sobre o alegado fim iminente da liberdade de expressão em Portugal.

O estrondo mediático provocado foi súbito e breve. Infelizmente, bastou para congelar o estudo da lei e meter na gaveta os diplomas que deveriam ter garantido a sua boa execução. No grande debate que decorre à escala mundial sobre como enfrentar o poder incontrolado dos gigantes tecnológicos, Portugal foi colocado pela Carta no rol dos defensores de

---

políticas públicas de regulação, capazes de proteger os direitos dos cidadãos. Contudo, nem o XXIII nem o XXIV Governos Constitucionais adotaram medidas desse tipo.

Foi da UE que partiram os diplomas com vigência direta nos Estados-Membros que colocam na rota certa os poderes públicos disciplinando os mercados digitais e a prestação de serviços digitais[2].

Não teve qualquer eco em Portugal o processo legislativo que levou à aprovação do European Media Freedom Act[3]. Com vista a proteger a liberdade e o pluralismo dos meios de comunicação social na UE, bem como reforçar a livre circulação de serviços, a Comissão propôs e foi aprovado o Regulamento sobre a Liberdade dos Meios de Comunicação Social, que entrou em vigor a 7 de maio de 2024. As novas regras serão plenamente aplicáveis a partir de 8 de agosto de 2025[4] e abrangem temas que muitos decisores nacionais temem regular (como a espionagem de jornalistas e o uso de *software* malicioso para interferir na atividade jornalística).

---

[2] Apple, Alphabet, Facebook, Instagram e sua empresa-mãe Meta, Amazon, ByteDance (empresa-mãe da TikTok) e Microsoft foram de imediato alvo de iniciativas de responsabilização desencadeadas pela Comissão Europeia. https://tinyurl.com/mpb34wuu.

[3] Trata-se do regulamento 2024/1083, que estabelece regras comuns para o bom funcionamento do mercado interno dos serviços de comunicação social e cria um Conselho Europeu dos Serviços de Comunicação Social, procurando simultaneamente salvaguardar a sua independência e pluralismo. O texto estabelece regras harmonizadas sobre a transparência da propriedade dos meios de comunicação social, a atribuição de publicidade estatal aos prestadores de serviços de comunicação social, procurando simultaneamente salvaguardar a sua independência e pluralismo. A proteção das fontes jornalísticas é também contemplada bem como a proteção dos jornalistas contra formas invasivas de vigilância (*spyware*). Embora abundem as fontes de informação sobre o processo legislativo, que durou muitos meses e decorreu de forma transparente, nem as instituições portuguesas nem os lóbis que manifestaram a sua acrisolada defesa da ciberanarquia deram sinal de ter percebido que o regulamento vigora diretamente em Portugal. O arquivo digital da Universidade de Cardiff permite em poucos minutos rastrear mais do que o necessário para dissertar sobre o tema com conhecimento de causa (cfr. https://tinyurl.com/4vr6e764).

[4] Comissão Europeia. *Regulamento Liberdade dos Meios de Comunicação Social.* https://tinyurl.com/3me7ac4c

1. Um começo de vigência agitado

A Carta Portuguesa de Direitos Humanos na Era Digital teve um início de vida agitado. O Presidente da República e, bastante mais tarde, a Provedora de Justiça, requereram ao Tribunal Constitucional a fiscalização sucessiva abstrata das normas sobre combate à desinformação. Na legislatura seguinte, o grupo parlamentar do PS, principal protagonista do processo legislativo, encontrou sensatamente a forma de extinguir de uma só vez a polémica, provocando uma inutilidade superveniente dos pedidos de fiscalização de constitucionalidade.

O regime de combate à desinformação foi reduzido a uma só norma:

> Artigo 6.º
>
> Direito à proteção contra a desinformação
>
> 1 – O Estado assegura o cumprimento em Portugal do Plano Europeu de Ação contra a Desinformação, por forma a proteger a sociedade contra pessoas singulares ou coletivas, de jure ou de facto, que produzam, reproduzam ou difundam narrativa considerada desinformação.
>
> 2 – (Revogado.)
>
> 3 – (Revogado.)
>
> 4 – (Revogado.)
>
> 5 – (Revogado.)
>
> 6 – (Revogado.)

Na redação inicial a Carta referia:

> 2 – Considera-se desinformação toda a narrativa comprovadamente falsa ou enganadora criada, apresentada e divulgada para obter vantagens económicas ou para enganar deliberadamente o público, e que seja suscetível de causar um prejuízo público, nomeadamente ameaça aos processos políticos democráticos, aos processos de elaboração de políticas públicas e a bens públicos.

3 – Para efeitos do número anterior, considera-se, designadamente, informação comprovadamente falsa ou enganadora a utilização de textos ou vídeos manipulados ou fabricados, bem como as práticas para inundar as caixas de correio eletrónico e o uso de redes de seguidores fictícios.

4 – Não estão abrangidos pelo disposto no presente artigo os meros erros na comunicação de informações, bem como as sátiras ou paródias.

5 – Todos têm o direito de apresentar e ver apreciadas pela Entidade Reguladora para a Comunicação Social queixas contra as entidades que pratiquem os atos previstos no presente artigo, sendo aplicáveis os meios de ação referidos no artigo 21.º e o disposto na Lei n.º 53/2005, de 8 de novembro, relativamente aos procedimentos de queixa e deliberação e ao regime sancionatório.

6 – O Estado apoia a criação de estruturas de verificação de factos por órgãos de comunicação social devidamente registados e incentiva a atribuição de selos de qualidade por entidades fidedignas dotadas do estatuto de utilidade pública».

As definições contidas nos revogados nºs 2, 3 e 4 constam quase literalmente do Plano de Ação europeu, com a seguinte redação:

A desinformação é entendida como informação comprovadamente falsa ou enganadora que é criada, apresentada e divulgada para obter vantagens económicas ou para enganar deliberadamente, podendo prejudicar o interesse público. Esse prejuízo público pode consistir em ameaças contra os processos democráticos ou outros bens públicos, como o ambiente ou a saúde e segurança dos cidadãos da União. A desinformação não abrange os erros involuntários na comunicação de informações, as sátiras e paródias ou as notícias e comentários claramente identificados como partidários. As medidas previstas no presente plano de ação visam apenas os conteúdos de desinformação que sejam considerados legais ao abrigo do direito da União ou do direito dos Estados-

-Membros. Não prejudicam as disposições legislativas em vigor na União ou nos Estados-Membros, nomeadamente as normas em matéria de conteúdos ilegais.

A discreta remissão, que em termos práticos vem dar ao mesmo, não suscitou desassossego. As almas inquietas face ao art. 6.º não viraram os olhos para o regulamento sobre liberdade dos meios de comunicação social[5].

Pelo caminho, foi certeiramente eliminado o direito de queixa perante a ERC – Entidade Reguladora da Comunicação Social em casos concretos de desinformação, opção cuja pormenorização o legislador tinha remetido para lei a aprovar por 2/3.

Considero, hoje, que a ideia (que promovi, *mea culpa!*) de fazer intervir a ERC no combate à desinformação foi particularmente infeliz. Por um lado, o órgão em causa é inefavelmente impopular. Por outro lado, e acima de tudo, a incompletude do preceito alimentou as mais rocambolescas suspeições[6].

Afortunadamente, o Regulamento sobre os Serviços Digitais, que entrou em vigor em 17 de fevereiro de 2024, veio definir, minuciosamente,

---

[5] Segundo o Presidente da República, as normas da versão inicial da lei, em especial as contidas nos n.ºs 1 a 4 do artigo 6º, conteriam um conjunto de conceitos vagos e indeterminados, de que são mero exemplo os seguintes: "narrativa comprovadamente falsa ou enganadora"; "ameaça aos processos políticos democráticos, aos processos de elaboração de políticas públicas"; ou "utilização de textos ou vídeos manipulados ou fabricados, bem como as práticas para inundar as caixas de correio eletrónico e o uso de redes de seguidores fictícios".
(...) Em matéria de direitos, liberdades e garantias, o legislador poderia ter tido outro cuidado na definição dos conceitos, sobretudo quando deles fosse deduzível um eventual efeito de censura o qual, ainda que indesejado pelo legislador, não seria suscetível de merecer acolhimento constitucional.
(..:) Também o n.º 6 do artigo 6º, ao prever que "o Estado apoia a criação de estruturas de verificação de factos por órgãos de comunicação social devidamente registados e incentiva a atribuição de selos de qualidade por entidades fidedignas dotadas do estatuto de utilidade pública", poderia incorrer em inconstitucionalidade na medida em que, assentando nos conceitos indeterminados já referidos, previsse a atuação do Estado na criação de estruturas de verificação de factos cujo âmbito de atuação é desconhecido – e não o deveria ser no plano de uma lei restritiva – e cuja natureza ficaria também por esclarecer" (texto integral em https://tinyurl.com/5h2uwwzr).
[6] A verdade é que resta sempre aos cidadãos recorrer aos tribunais, exercer o direito de petição, requerer a intervenção da Provedoria de Justiça ou recorrer à Internet. O direito de ação popular digital também pode servir para repor a verdade.

regras aplicáveis, designadamente a redes sociais e plataformas de partilha de conteúdos, incluindo regras especiais para as plataformas em linha de muito grande dimensão (utilizadas por mais de 10% dos 450 milhões de consumidores da UE) e os motores de pesquisa em linha de muito grande dimensão (utilizados por mais de 10% dos 450 milhões de consumidores da UE)[7]. Em Portugal, cabe à ANACOM, à ERC e à Inspeção-Geral das Atividades Culturais assegurar o cumprimento do novíssimo regime, incluindo quanto ao combate a campanhas de ódio e outros temas sensíveis[8].

A cirurgia revogatória feita em 2022 teve o efeito pretendido: fez cessar toda a polémica, mas também todo o debate e quase toda a ação regulamentar. Tal não seria grave (o silêncio do legislador pode ser de ouro), se não fosse o facto de os instrumentos europeus contra a Desinformação serem cumpridos sem impulso dos poderes públicos portugueses[9].

---

[7] EUR-Lex. Regulamento dos Serviços Digitais. https://eur-lex.europa.eu/PT/legal-content/summary/digital-services-act.html

[8] O Despacho n.º 1747/2024 criou um grupo de trabalho para proceder:
– ao levantamento das necessidades de alteração legal ou regulamentar relevantes para assegurar a aplicação do Regulamento dos Serviços Digitais na ordem jurídica interna, bem como para o exercício dos poderes do coordenador dos serviços digitais previstos no Regulamento dos Serviços Digitais; e
– à identificação de outras autoridades competentes para efeitos do Regulamento dos Serviços Digitais e à definição clara das respetivas atribuições, assegurando uma cooperação estreita e eficaz com o coordenador dos serviços digitais.
Felizmente o Regulamento é de aplicação direta e não é provável que se diga que é necessário clarificar que uma interpretação que conduza a um resultado censório não poderia, de todo e todo, subsistir no nosso sistema constitucional, atingindo de inconstitucionalidade a norma que a suporte.

[9] O combate à desinformação inclui a proibição de recurso a ela pelos órgãos de poder. Em maio de 2024, a Comissão Nacional de Eleições ordenou ao Governo que remova todas as publicações feitas nas redes sociais após o anúncio da data das eleições Europeias, que se realizam a 9 de junho.
Numa deliberação em resposta a uma queixa do PS, a CNE exclui desta decisão uma publicação referente à prorrogação do prazo para a limpeza de terrenos.
Na mesma decisão a CNE adverte o Governo, na pessoa do primeiro-ministro, para que «se abstenha de realizar ações que consubstanciem formas de publicidade institucional proibida» pelas normas em vigor. Uma proibição que se estende até ao fim do processo eleitora.
Em causa estavam várias publicações nas redes sociais em que o Governo destacou algumas medidas que aprovou ou quer aprovar. A CNE ressalva exemplos como as seguintes frases: «um país com melhores salários e carga fiscal mais baixa», «mais dinheiro para as famílias portuguesas», «mais rendimento para todos os portugueses», «não apenas cumprimos, mas

Contas feitas, existem a nível europeu instrumentos vários:

– uma Comunicação da Comissão Europeia algo antiquada (apresentada em abril de 2018) intitulada "Combater a desinformação em linha: uma abordagem europeia", que desenhou um conjunto de ferramentas para combater a propagação da desinformação e garantir a proteção dos valores da UE;

– um Plano de Ação contra a Desinformação, de dezembro de 2018[10];

– o Plano de Ação para a Democracia Europeia, revisto em 2023, que desenvolve orientações para responsabilização das plataformas em linha na luta contra a desinformação[11];

– o Código de Conduta sobre Desinformação de 2018, que procurou sujeitar empresas do mundo digital a normas de autorregulação para combater a desinformação, por forma a alcançar os objetivos estabelecidos na Comunicação da Comissão;

– o programa de monitorização da desinformação sobre a COVID-19, realizado pelos signatários do Código de Conduta;

– o EDMO (European Digital Media Observatory), que reúne verificadores de factos e investigadores académicos com experiência no domínio da desinformação *online*, plataformas de redes sociais, meios de comunicação social dirigidos por jornalistas e profissionais de literacia mediática;

– o Observatório Social para a Análise da Desinformação e dos Meios de Comunicação Social (SOMA), que não atraiu um número significativo de verificadores de factos reconhecidos pela Rede Internacional de Verificação de Factos (e sobrepõe-se ao EDMO);

– uma Rede de Alerta Rápido;

Muito importante, por ter uma ação bem estruturada contra a Desinformação oriunda da Federação Russa, é a pequena, mas muito ativa

---

superamos o compromisso eleitoral», «estamos a abrir caminho para uma era de alívio fiscal em Portugal», ou «[o] Governo está ao lado dos trabalhadores e das empresas».

[10] Disponível em: https://eur-lex.europa.eu/legal-content/PT/TXT/HTML/?uri=CELEX:52018JC0036

[11] Comissão Europeia. Proteger a democracia. https://tinyurl.com/bn6nh6yz

unidade do Serviço Diplomático da UE, EUvsDisinfo[12]. As missões levadas a cabo pelo serviço incluem a neutralização de fontes de desinformação e criação de ferramentas de defesa ativa contra os propagadores, além de uma abundante biblioteca digital.

No seu exaustivo relatório de auditoria da aplicação do Plano de Ação, o Tribunal de Contas Europeu pôde concluir em 2021 que:

> «– O Serviço de Ação Externa e a Comissão não estabeleceram mecanismos de coordenação claros para executar o plano;
> – A responsabilização é fragilizada pelo quadro fragmentado de acompanhamento e comunicação de informações e pela falta de financiamento a longo prazo;
> – A execução do plano está globalmente no bom caminho, mas revela várias insuficiências;
> – Os grupos de trabalho sobre comunicação estratégica desempenham um papel importante, mas não dispõem de pessoal ou de financiamento adequados para fazer face a ameaças emergentes;
> – O sistema de alerta rápido reuniu os Estados-Membros, mas não atingiu todo o seu potencial;
> – O código de conduta fez com que as plataformas em linha tomassem posição contra a desinformação, mas não chegou a torná-las passíveis de responsabilização;
> – A falta de uma estratégia coerente para a literacia mediática e a fragmentação da intervenção da UE diluem o seu impacto[13].»

O Código Reforçado de Boas Práticas contra a Desinformação, assinado em 16 de junho de 2022, reuniu uma ampla gama de atores que

---

[12] European External Action Service. (2023). *EU vs Disinfo: How to debunk over 6,500 disinformation cases in four years.* https://www.eeas.europa.eu/eeas/euvsdisinfo-how-debunk-over-6500-disinformation-cases-four-years_en

[13] Tribunal de Contas Europeu. Relatório Especial – Desinformação na UE: fenómeno combatido, mas não controlado. https://eca.europa.eu/Lists/ECADocuments/SR21_09/SR_Disinformation_PT.pdf

assumiram um vasto conjunto de compromissos voluntários para combater a desinformação, sem, todavia, alterar as fragilidades detetadas pelo Tribunal de Contas Europeu. Nada indica que estas tenham diminuído.

Qual seja a participação portuguesa nos mecanismos criados não é sabido. O Observatório Ibérico dos Media Digitais e da Desinformação (Iberifier) ainda não produziu um relatório sobre esse tema fulcral[14].

Quanto à influência destas formas de inquinação do debate democrático e de interferência estrangeira nos atos eleitorais (incluindo as eleições europeias), não constitui tema de reflexão e discussão nas instituições e na praça pública. Duas exceções neste panorama desolador: a Resolução do Conselho de Ministros n.º 142/2023 aprovou as Linhas Orientadoras do Plano Nacional de Literacia Mediática (sobre cuja execução não existem ainda relatórios de avaliação); a intervenção da Agência Lusa tem-se destacado pela persistência e intensidade, com destaque para o projeto Cidadão Ciberinformado, que lançou em parceria com o Centro Nacional de Cibersegurança[15]. Não é muito, mas é melhor que o nada dos poderes públicos nacionais no ciclo político que terminou em 10/03/2024 e no ulterior.

Oportunamente, o Observatório Europeu dos Media Digitais (EDMO) e os seus observatórios regionais lançaram, no dia 29 de abril de 2024, a campanha em linha «Be Election Smart» (Seja Esperto nas Eleições), programada para decorrer durante seis semanas, com o objetivo de apoiar e reforçar competências dos cidadãos europeus para navegarem no ecossistema informativo durante o período eleitoral para o Parlamento Europeu. Neste caso, como noutros, as iniciativas do EDMO e da sua rede de verificação de factos não têm eco nos média prestigiados ou

---

[14] https://iberifier.eu/eleicoes-europeias/. O bom esforço tendente a alertar os eleitores das europeias de 2024 para formas de desinformação não teve em Portugal relevo mediático.

[15] Agência Lusa. (2023). Combate às *fake news*. https://combatefakenews.lusa.pt/

sequer nas redes sociais animadas por portugueses, embora tratem de questões candentes[16].

O receio de regular a aferição da qualidade da verificação de factos teve como consequência que, em bom rigor, não existe em Portugal qualquer mecanismo que garanta que a denominação não possa ser assumida por quem não obedeça às regras internacionalmente recomendadas[17]. Intitula-se *fact-checker* quem quiser.

2. Valeu a pena legislar?

As leis portuguesas não têm preâmbulo, mas, se tivessem, o da Lei n.º 27/2021, de 17 de maio, poderia razoavelmente reproduzir a exposição de motivos do Projeto de Lei n.º 473/XIV, que deu início ao processo legislativo. Nele procurou-se fundamentar a decisão de legislar[18].

A. A grande razão foi, obviamente, o avanço da revolução digital

Em 2018, pela primeira vez, mais de metade da Humanidade passou a ter acesso à Internet, aprofundando a grande transformação digital começada no final do século xx. No entanto, muitos milhões de homens e mulheres continuam em situação de exclusão digital. Esse défice de inclusão pode comprometer a realização dos objetivos de desenvolvimento sustentável e da Agenda 2030, designadamente a erradicação da pobreza e da fome, o combate às desigualdades, a educação de qualidade, a promoção da saúde para todos, o emprego pleno e produtivo e trabalho decente para todos.

---

[16] https://edmo.eu/areas-of-activities/fact-checking/fact-checking-overview/

[17] Não existem estudos recentes da atividade da publicação Polígrafo, nas suas versões *Web* ou televisivas, o mesmo se devendo dizer da produção do jornal *Observador* e do serviço "Prova dos Factos" (do jornal *Público*).

[18] As linhas seguintes seguem de perto esse texto, que fui incumbido de redigir.

Há enormes assimetrias e desigualdades. O combate à pandemia COVID-19 veio pôr a nu os benefícios da expansão do uso de ferramentas tecnológicas digitais, mas também as insuficiências no acesso e riscos vários. Em domínios fulcrais, como a aprendizagem automatizada, a inteligência artificial e a decisão baseada em algoritmos, as vagas de inovação suscitam desafios ainda sem resposta.

As organizações internacionais têm vindo a dar crescente importância à discussão de temas relacionados com as consequências da revolução digital, o que tenderá agora a acentuar-se. No seu relatório sobre o progresso alcançado, a nível regional e internacional, na implementação das conclusões da Cimeira Mundial sobre a Sociedade de Informação, o Secretário-Geral da ONU, António Guterres, assinalou a urgência de combater as desigualdades entre países e entre mulheres e homens, enfrentar as mudanças disruptivas no mundo do trabalho, na economia e na educação e de pôr o potencial das tecnologias ao serviço da realização dos Direitos Humanos[19]. Estas deverão ser percecionadas com um instrumento de promoção e realização de Direitos Humanos e a sua não utilização, por diferentes motivos, não deverá resultar numa exclusão ou limitação significativa do gozo dos Direitos fundamentais, tais como previstos nas Constituições e nas leis.

Em 2018 foi criado um Painel de Alto Nível sobre Cooperação Digital, que elaborou o relatório de estratégia sobre o futuro digital à escala global intitulado "A Era da Interdependência Digital"[20]. Num capítulo próprio foi examinado o impacto das mudanças tecnológicas no universo dos Direitos Humanos.

Tem tido um papel relevante na busca de respostas o Fórum da Governação da Internet, criado em 2005 no contexto da Cimeira Mundial sobre a Sociedade de Informação das Nações Unidas, para servir de

---

[19] Progress made in the implementation of and follow-up to the outcomes of the World Summit on the Information Society at the regional and international levels. Report of the Secretary--General. (2018). Doc A/73/66–E/2018/10, https://www.intgovforum.org/en/filedepot_download/4586/1454

[20] The age of digital interdependence – Report of the UN Secretary-General's High-level Panel on Digital Cooperation. (2019). https://www.un.org/en/pdfs/DigitalCooperation-report-for%20web.pdf

plataforma de discussão multissetorial, envolvendo entidades interessadas no desenvolvimento, utilização e governação/regulação da Internet, a nível global.

Nasceu, também, a Iniciativa Portuguesa do Fórum da Governação da Internet, plataforma nacional de diálogo que reúne os principais atores sociais, públicos e privados, da sociedade digital e, dada a natureza da Internet, aberta, de forma interativa, à sociedade em geral. Tem como objetivo principal informar e debater, de uma perspetiva nacional, alguns dos temas e aspetos principais da discussão em curso, a nível mundial, sobre a Governação da Internet[21].

A 14ª sessão do Fórum ocorreu entre 25 e 29 de novembro de 2019, em Berlim, e foi centrada em quatro temas essenciais: **Inclusão Digital**, **Governação de Dados**, e **Segurança, Estabilidade e Resiliência**. No debate foi aprofundada a reflexão sobre como garantir a acessibilidade à Internet para capacitar pessoas com deficiência e superar o fosso digital nas comunidades marginalizadas.

Alinhadas com o Eixo 5 – Investigação do programa português INCoDe.2030, estiveram em apreciação as temáticas de *Data Governance* (Governação de Dados) e *Security, Safety, Stability and Resilience* (Segurança, Estabilidade e Resiliência), *Beyond Ethics Councils: How to really do AI Governance* (Para além dos Conselhos de Ética: Como praticar Governação de Inteligência Artificial) e *Towards a Human Rights-Centered Cybersecurity Training* (Para uma formação em cibersegurança centrada em Direitos Humanos).

Já em plena pandemia, a ONU recomendou que os esforços no desenvolvimento de estratégias governamentais digitais após a crise do COVID-19 se concentrem em melhorar políticas de proteção de dados e inclusão digital, bem como fortalecer as capacidades políticas e técnicas das instituições públicas. E alertou: «Embora as parcerias público-privadas sejam essenciais para a implementação de tecnologias inovadoras, a liderança governamental, a existência de instituições fortes e eficientes

---

[21] https://governacaointernet.pt/

e de políticas públicas são cruciais para adaptar soluções digitais às necessidades dos países, além de priorizar segurança, equidade e a proteção dos direitos das pessoas. A pandemia do COVID-19 enfatizou a importância da tecnologia, mas também o papel central de um sistema eficaz, inclusivo e responsável de governo»[22].

A Assembleia Geral da ONU reunida em 19 de dezembro de 2019 fez um exaustivo balanço de todas as iniciativas em curso e aprovou uma resolução longamente fundamentada sobre a estratégia digital para o século XXI[23].

B. Uma Carta Internacional de Direitos Digitais?

Uma Carta Internacional de Direitos Digitais, devidamente aprovada no âmbito da ONU seria desejável. Todavia, tal Carta não é viável devido à evolução assimétrica da internet num mundo multipolar com códigos de uso e regulação muito distintos no Ocidente (Europa e América do Norte) e na China e Rússia.

Estão, por isso, a produzir danos graves a crise civilizacional, as vagas de xenofobia, o populismo, a intolerância política e religiosa, os nacionalismos, o racismo. A utilização que os seus promotores fazem da Internet gera problemas difíceis de resolver pela própria natureza global que as redes assumem e devido à inexistência de um sistema sólido de *Governance*.

Ao longo do tempo foram surgindo iniciativas de alcance desigual como a Carta dos Direitos da Internet da *Association for Progressive Communications*[24], e as Declarações de Princípios das Cimeiras Mundiais da Sociedade de Informação[25]. Surgiram, também, declarações de âmbito regional como a «Declaração Africana sobre Direitos e Liberdades da

---

[22] United Nations Department of Economic and Social Affairs. COVID-19: Embracing digital government during the pandemic and beyond. https://tinyurl.com/y9kce7cm

[23] United Nations. Information and communications technologies for sustainable development. https://undocs.org/en/A/RES/74/197

[24] https://dev-d10.apc.org/en/pubs/apc-internet-rights-charter. De 2006, atualizada em 2023.

[25] https://ceweb.br/media/docs/publicacoes/1/CadernosCGIbr_DocumentosCMSI.pdf

Internet»[26]. A lei que aprovou o «Marco Civil da Internet» estabeleceu princípios, garantias, direitos e deveres para o uso da Internet no Brasil[27]. Na Espanha, a Lei Orgânica 3/2018 de 5 de dezembro, que assegurou a boa execução do Regulamento Geral de Proteção de Dados, incluiu um vasto conjunto de normas de garantia de direitos digitais[28].

Muitas propostas de «Declaração de Direitos humanos na Internet» resultam do trabalho de organizações da sociedade civil, da cooperação entre Estados ou da iniciativa de instituições internacionais[29].

O Conselho da Europa tem desenvolvido um trabalho sistemático centrado em torno de questões relacionadas com o direito à liberdade de expressão, o direito à vida privada, a liberdade de reunião e de associação, a segurança em linha, o direito à instrução, os direitos da criança, a não discriminação e o direito a um recurso efetivo face a ilegalidades. Assume relevância especial a Recomendação CM/Rec (2014) 6 do Comité de Ministros aos Estados-Membros, assente nas Convenções por que se rege o Conselho e na jurisprudência do Tribunal Europeu dos Direitos Humanos, incluindo a Convenção sobre o Cibercrime («Convenção de Budapeste»), a Convenção para a Proteção das Crianças contra a Exploração e os Abusos Sexuais (STCE n.º 201, «Convenção de Lanzarote»)

---

[26] https://africaninternetrights.org/sites/default/files/African-Declaration-Portuguese-FINAL.pdf

[27] LEI Nº 12.965, DE 23 DE ABRIL DE 2014 estabeleceu princípios, garantias, direitos e deveres para o uso da internet no Brasil e determinou as diretrizes para atuação da União, dos Estados, do Distrito Federal e dos Municípios em relação à matéria. Texto integral em: https://www.planalto.gov.br/ccivil_03/_ato2011-2014/2014/lei/l12965.htm

[28] https://www.boe.es/eli/es/lo/2018/12/05/3/con. Durante a polémica portuguesa, chegou a invocar-se que só mediante Conferência Internacional seria possível aprovar normas de proteção de direitos humanos na Internet, tese abstrusa que amputa uma dimensão vital da soberania do Estado e colide com uma evidência: há um património normativo digital português, criado a partir de 1995.

[29] Em Portugal, o tema foi objeto de escasso debate público e institucional apesar de esforços como os resultantes do Livro Verde sobre a Sociedade de Informação (1997) e da "Contribuição para uma Carta dos Direitos do Cidadão na Sociedade de Informação" elaborada pela APDSI, em 2007 (https://tinyurl.com/ybptkacl).

e a Convenção n.º 108 para a Proteção das Pessoas relativamente ao Tratamento Automatizado de Dados de Caráter Pessoal[30].

Por sua vez, a União Internacional das Telecomunicações tem desenvolvido trabalho relevante, com destaque para a área da inclusão digital[31] e a promoção de competências orientadas para o trabalho[32,]

Noutro plano, a iniciativa *Contract for the Web*, impulsionada por Sir Tim Berners-Lee, pai-fundador da *World Wide Web*, visa obter à escala mundial a adesão de milhares de pessoas físicas ou coletivas a nove princípios: acesso à Internet para todos; acesso a toda a Internet a todo o tempo; respeito e proteção dos direitos fundamentais, da privacidade *online* e dos dados pessoais; tornar a Internet um bem acessível a todos; desenvolver tecnologias que protejam o que há de melhor na Humanidade e vençam o que há de pior; promover a criação e colaboração na *Web*; criar comunidades fortes que respeitem o trato civilizado e a dignidade humana; lutar pela *Web*[33].

A dimensão transnacional também é dada pela participação de organizações como a *Electronic Frontier Foundation* (EFF) e a *Association for Progressive Communication*, bem como a aprovação dos Princípios de Manila sobre a Responsabilidade dos Intermediários[34]. Em 2014,

---

[30] https://www.coe.int/en/web/freedom-expression/internet. Uma descrição minuciosa dos esforços feitos pelo Conselho da Europa pode encontrar-se em https://rm.coe.int/16805c6fbd. Existe a tradução em português do Guia dos Direitos Humanos para os utilizadores da Internet (http://www.odionao.com.pt/media/5185/GuiaDireitosHumanosUtilizadoresInternet.pdf). Na exposição de motivos recorda-se que a versão inicial da recomendação do Comité de Ministros tinha em anexo um projeto de Compêndio dos direitos humanos e das liberdades fundamentais para os utilizadores da Internet. O projeto de Compêndio adotou uma abordagem diretamente dirigida ao utilizador. Tendo isso em conta, decidiu-se alterar o título do Compêndio para «Guia dos Direitos Humanos para os Utilizadores da Internet».

[31] https://www.itu.int/en/mediacentre/backgrounders/Pages/digital-inclusion-of-all.aspx»

[32] International Telecommunication Union. Digital skills campaign. https://academy.itu.int/itu-d/projects-activities/ilo-itu-digital-skills-campaign

[33] www.contractfortheweb.org

[34] https://manilaprinciples.org/pt-br/node/101

o «Fórum de Governação da Internet» preparou uma sugestão de «Carta de Direitos Humanos e Princípios para a Internet»[35].

É verdade que na UE existem instrumentos jurídicos vinculativos que definiram políticas e direitos, com destaque para a Carta Europeia dos Direitos Fundamentais, o Regulamento Geral de Proteção de Dados e o Regulamento (UE) 2015/2120 de 25 de novembro de 2015 que acolheu o princípio da neutralidade da Net e estabeleceu medidas respeitantes ao acesso à Internet aberta e ao serviço universal, bem como aos direitos dos utilizadores em matéria de redes e serviços de comunicações eletrónicas. Trata-se de um pilar fundamental da ordem jurídica digital europeia, seguindo as recomendações do Conselho da Europa[36]. A Lei n.º 16/2022 de 16 de agosto aprovou o Código Europeu das Comunicações Eletrónicas, transpondo as Diretivas 98/84/CE, 2002/77/CE e (UE) 2018/1972, que estabeleceram medidas tendentes a promover o investimento nas redes de banda larga de elevado débito, adotar uma abordagem mais coerente à escala do mercado interno no respeitante à política e à gestão do espetro de radiofrequências e garantir uma defesa dos consumidores eficaz, condições de concorrência equitativas para todos os intervenientes no mercado e a aplicação coerente das regras, além de estabelecer um quadro regulamentar institucional mais eficaz.

Estão por enquadrar e resolver problemas suscitados pelas grandes plataformas digitais, como o regime de tributação, cujos termos estão a ser ponderados no âmbito da OCDE e da UE[37].

No ano de 2020 foram redefinidos os objetivos a prosseguir no quadro da Estratégia Digital Europeia. A Decisão (UE) 2022/2481 do Parlamento Europeu e do Conselho de 14 de dezembro de 2022 estabeleceu o programa Década Digital para 2030[38].

---

[35] https://itsrio.org/wp-content/uploads/2017/01/IRPC_booklet_brazilian-portuguese_final_v2.pdf

[36] https://eur-lex.europa.eu/legal-content/PT/TXT/?uri=CELEX%3A32015R2120

[37] https://www.consilium.europa.eu/pt/policies/digital-taxation/

[38] https://eur-lex.europhttps://commission.europa.eu/strategy-and-policy/priorities-2019-2024/europe-fit-digital-age/shaping-europes-digital-future_pta.eu/legal-content/PT/TXT/?uri=CELEX:32022D2481

Na sua Comunicação *Construir o Futuro Digital da Europa,* a Comissão apresentou um plano para garantir soluções digitais que auxiliem a Europa a seguir o seu próprio caminho, rumo a uma transição digital, que deverá funcionar em benefício das pessoas através do respeito pelos valores europeus e que deverá colocar a Europa na posição de influenciador de tendências no debate global em curso. Segundo a Comissão, «as tecnologias digitais, se forem bem utilizadas, beneficiarão os cidadãos e as empresas de muitas formas. Assim, nos próximos cinco anos, a Comissão centrar-se-á em três objetivos fundamentais no domínio digital: Uma tecnologia ao serviço das pessoas; uma economia justa e competitiva; e uma sociedade aberta, democrática e sustentável». O digital é considerado essencial para a luta contra as alterações climáticas e a realização da transição ecológica. A Comunicação da Comissão intitulada "Orientações para a Digitalização até 2030: a via europeia para a Década Digital", de 9 de março de 2021, apresentou «a visão para 2030 da transformação digital da Europa em consonância com os valores europeus» e enfatizou que a UE «ambiciona ser digitalmente soberana num mundo aberto e interligado, acolhendo cidadãos capacitados e empresas inovadoras, numa sociedade digital sustentável, próspera, inclusiva, e centrada no ser humano».

A Comissão Europeia aprovou e publicou também o Livro Branco sobre Inteligência Artificial, que, em 2023, culminou num Regulamento abrangente e histórico.

Entrou em vigor em fevereiro de 2024 o Regulamento (UE) 2022/2065 relativo a um mercado único para os serviços digitais, que altera a Diretiva 2000/31/CE. O Regulamento dos Serviços Digitais visa «proteger os consumidores e os seus direitos fundamentais de forma mais eficaz; definir responsabilidades claras para as plataformas em linha e as redes sociais; combater os conteúdos e produtos ilegais, os discursos de incitação ao ódio e a desinformação; alcançar uma maior transparência assegurando a melhoria dos relatórios e da supervisão e incentivar a inovação, o crescimento e a competitividade no mercado interno da UE». Trata-se de um enorme salto qualitativo que obrigará a mudanças profundas das inércias nacionais. Praticamente desconhecido na praça pública portuguesa, apesar da transparência que rodeou a sua elaboração, o Regulamento tem elevada densidade normativa e implica medidas de coordenação entre a ANACOM, a ERC e a IGAC que nunca existiram.

Aos objetivos referidos somam-se outros não menos ambiciosos como o de propiciar melhor democracia e novas formas de participação cívica em sociedades livres do pesadelo orwelliano[39].

C. Portugal participa na revolução digital, registando de forma sistemática melhorias na sua posição

Os direitos consagrados desde 1996 formam um quadro já significativo, mas disperso e desigual. Na própria revisão de 1997, o artigo 35.º da Constituição da República foi enriquecido com o aditamento de uma norma que garante «a todos» «o livre acesso às redes informáticas de uso público, definindo a lei o regime aplicável aos fluxos de dados transfronteiras», consagrando o primacial direito de livre acesso a redes digitais e a proibição de isolamento digital de Portugal.

As políticas públicas adotadas desde 1996 permitiram mudanças históricas, mas carecem de medidas adicionais.

Em 21 de abril de 2020, foi publicada no DRE a Resolução do Conselho de Ministros que aprovou o Plano de Ação para a Transição Digital, encarado como «um dos instrumentos essenciais da estratégia de desenvolvimento do país, em alinhamento com os objetivos políticos que irão nortear os investimentos da União Europeia no período de programação 2021-2027, de acordo com o novo quadro da Política de Coesão»[40]. Subsequentemente, na vigência do XXIII Governo, o Plano de Recuperação e Resiliência definiu os eixos de investimento nas políticas públicas digitais.

---

[39] Procurei abordar o tema na obra *Democracia ou Algoritmocracia? Ensaio sobre a defesa dos direitos humanos na era digital* acessível na biblioteca do Portal TICTAnk.pt, https://tictank. pt/2023/05/20/democracia-ou-algoritmocracia/

[40] https://diariodarepublica.pt/dr/detalhe/resolucao-conselho-ministros/30-2020-132133788

No retrato de Portugal constante do DESI (Índice de Digitalidade da Economia e da Sociedade), elaborado pela Comissão Europeia, o país tem vindo a surgir bem colocado em domínios como o das infraestruturas de comunicação. Todavia, apesar dos progressos, registam-se valores relativamente baixos em percentagem de habitações com acesso à Internet e preocupantes em relação à percentagem de pessoas que nunca utilizaram a Internet ou têm escassa infoliteracia. Sessenta por cento das empresas de comércio e serviços não usam a Internet. Os preços de acesso originam polémica. Por outro lado, são fortes as desigualdades na prestação do serviço: há zonas do país em que o acesso se pode fazer a velocidades na ordem dos Gbps e outros onde a rede não chega ou tem taxas de transmissão do passado[41].

3. Que direitos consagra a Carta Portuguesa de Direitos Humanos na era digital? Viver Viver viver viver

A Carta resultou da fusão entre o projeto apresentado pelo PS e uma iniciativa legislativa do PAN[42]. No decurso do debate na especialidade foram tidas em conta contribuições resultantes da consulta pública feita e a muita informação disponível.

Foi cuidadosa a delimitação do perímetro legislativo e das matérias a tratar.

Por um lado, foi entendido pelo legislador que não traria valor acrescentado aprovar uma lei de mera compilação das normas que na ordem jurídica portuguesa já consagram direitos digitais, previstos na própria Constituição ou constantes de diplomas que transpuseram diretivas europeias, incluindo a tardiamente transposta diretiva (UE) 2018/1972

---

[41] https://digital-decade-desi.digital-strategy.ec.europa.eu/datasets/desi/charts

[42] O Projeto de Lei n.º 498/XIV/1.ª.

do Parlamento Europeu e do Conselho de 11 de dezembro de 2018, que estabeleceu o Código Europeu das Comunicações Eletrónicas[43].

Na XIII Legislatura, precisamente com o mesmo fim, o PS apresentou o Projeto de Lei 1217/XIII. Este incluía normas sobre direitos dos trabalhadores na era digital (designadamente o direito a desligar o telemóvel fora do horário de trabalho o que, nas condições típicas dos fins de legislatura e sem tempo útil para assegurar a intervenção do Conselho Económico e Social, levou a episódios de polémica intensa sem desfecho construtivo. No processo de elaboração da Carta, entendeu-se que o eventual aperfeiçoamento do Código de Trabalho seria a boa sede para incorporar eventuais adaptações das normas laborais às novidades digitais, tirando partido das experiências de teletrabalho durante a pandemia COVID-19.

Por outro lado, entendeu-se que temas como os direitos de autor na era digital, as alterações de fundo à Lei de Imprensa, e o impacto da revolução digital no plano fiscal deveriam ser ponderados nas sedes próprias, segundo ritmos diversos. Em temas quanto aos quais estava em gestação legislação europeia, a Carta é propositadamente contida. As avalanches jurídicas vindas de fora, por mais transparente que seja a sua elaboração, são em Portugal como os sismos (espera-se que cheguem).

A Carta enuncia um elenco de direitos, liberdades e garantias diversificado e abrangente, que inova, clarifica e pede boa execução. Essas normas valem também como bases de um programa de ação vinculativo dos órgãos de poder, ficando dependente da sua vontade no impulso e na atribuição de recursos para cumprir o que se enuncia logo no início do diploma:

> A República Portuguesa participa no processo mundial de transformação da Internet num instrumento de conquista de liberdade, igualdade e justiça social e num espaço de promoção, proteção e livre exercício dos direitos humanos.

---

[43] https://eur-lex.europa.eu/PT/legal-content/summary/european-electronic-communications-code.html?fromSummary=31

As normas que na ordem jurídica portuguesa consagrem e tutelem direitos, liberdades e garantias são aplicáveis no ciberespaço.

Vai ser assim no ciclo político posterior a 10 de março de 2024.

4. Que Futuro?

A. Invariância

Julgo que vamos viver um fenómeno de invariância, conceito retirado à matemática em que a palavra designa algo que permanece num quadro de transformação. Dito sem rodeios, prevejo que a estratégia digital portuguesa se vai manter.

Em primeiro lugar, porque está e estará em vigor a estratégia digital da União Europeia – a década digital que tem como horizonte 2030 – o guião para a década digital.

Nesse quadro foi aprovada uma declaração interinstitucional (pela qual muito se bateu a Presidência portuguesa do Conselho da União) sobre direitos e princípios digitais para a década digital (22/01/2022).

Por força desse Instrumento:
- os valores e os direitos fundamentais que vigoram fora de linha devem ser aplicados no ambiente digital;
- a transformação digital não deve implicar a regressão de direitos;
- o que é ilegal fora de linha deve ser ilegal em linha
- as soluções tecnológicas devem assegurar a solidariedade e inclusão, as pessoas devem ser colocadas no centro da transformação digital; é preciso promover a participação do espaço Público digital; aumentar a segurança, a proteção e a capacitação das pessoas;
- deve ser garantido o acesso a tecnologias, produtos digitais seguros e com privacidade assegurada;
- importa proteger os interesses das pessoas, organizações sociais e serviços públicos contra ciberataques e cibercrimes e combater

quem pretenda minar a segurança e a integridade do ambiente digital;

- devem ser criados incentivos em que todos tenham controlo efetivo dos seus dados (pessoais e não pessoais).

Em segundo lugar, foi aprovada a declaração de Lisboa – democracia digital com propósito, através da qual os Estados-Membros da UE apelaram a uma transformação digital democrática.

Em terceiro lugar, que está em vigor, a Carta Portuguesa de Direitos Humanos na Era Digital. É hoje mais atual que nunca.

Em quarto lugar o programa do XXIV Governo tem tudo para gerar consenso alargado:

1. Assim tem sido nas situações de alternância governamental;
2. A estratégia nacional digital que o governo anuncia só pode estar em sintonia com a estratégia da década digital europeia;
3. Vive-se uma situação singular: é preciso cumprir o PRR que contempla com 2,7 000 milhões para a dimensão transição digital, incluindo 475 milhões de euros para a transição digital das empresas. É com estas verbas que terão de ser feitos projetos de modernização da administração pública, a escola digital, e o uso da inteligência artificial nos serviços públicos prevista no programa.

São desconhecidas as opções do governo quanto à governança do sistema – ela depende da orgânica do governo para poder ser apreciada a articulação das tutelas e o comando da estratégia anunciada.

Certo é que na parte respeitante à cibersegurança, o programa assume o compromisso de operar um reforço de meios e de fazer uma revisão consensual da estratégia nacional de segurança do ciberespaço. Neste ponto, o programa é pormenorizado e acolhe bem o bom trabalho feito pelo Centro Nacional de Cibersegurança e o seu Observatório e pelo Gabinete Nacional de Segurança.

B. Fatores de polémica

De onde virá então a polémica? Quais são os pontos que criarão dificuldades e porão à prova a vontade reformadora consagrada no programa de governo?

- Acima de tudo virá polémica (e muita) da aplicação do regulamento dos serviços digitais. Ela não está a ocorrer hoje em dia, o que perturba a boa execução da lei europeia, mas é impossível que a inércia dos poderes públicos portugueses se mantenha indefinidamente. O Comité tripartido criado pelo XXIII Governo (ANACOM, ERC, IGAC) terá de apresentar o produto do seu trabalho. A triste exceção portuguesa tenderá a cessar;
- Da aplicação do regulamento sobre a liberdade dos meios de comunicação. É absurdo que a questão da proteção de jornalistas contra a espionagem e *software* malicioso, que entrou em vigor no início de maio de 2024, seja ignorada pelos interessados, os mesmos que enfiaram a carapuça do artigo sexto da Carta que não lhes dizia respeito por visar, isso sim, as milícias digitais que fazem o seu sujo trabalho nas redes sociais;
- De uma lei sobre estratégia nacional digital prevista no Programa de Governo sem horizonte temporal de aprovação[44];
- Curiosamente, o programa assume o compromisso de capacitar os poderes de atuação legais (nomeadamente através da criação de mecanismo no âmbito da cibersegurança[45]) para combater as campanhas de desinformação através da utilização ilegítima de plataformas digitais;

---

[44] O Programa alude à necessidade de estabelecer um sistema de governança eficaz para a aplicação da "estratégia nacional digital", verberando os inconvenientes do défice de comando das políticas públicas no ciberespaço. Sendo certo que o Ministério da Transição Digital, apesar do seu bom trabalho, foi efémero, extinto pelo XXIII Governo haverá que aguardar o anúncio novíssimo sistema de governança. Em bom rigor é no Ministério que gere os fundos do PRR que estará o centro de despesa pública na transição Digital.

[45] Não se percebe bem o alcance deste compromisso que carece de densificação. Quem exercerá o poder de defender a cibersegurança? Contra que atentados?

- É assumido também o compromisso de estimular a criação e o reconhecimento de plataformas de verificação de factos para garantir a correção da informação que circula nas redes sociais e nos meios digitais[46];
- Pretende-se reforçar o papel da ERC na fiscalização e sanção de práticas de desinformação e de manipulação da informação[47].

Como demonstra a discussão em curso sobre o processo que no Brasil levou o Supremo Tribunal a determinar a suspensão da prestação de serviços pela rede social X (antigo Twitter), o tecnocapitalismo trata com sobranceria Estados soberanos e confunde ciberespaço com Faroeste sem lei, sem xerife e sem juiz. Cabe aos Estados democráticos demonstrar que não pode ser assim. Nesse sentido, a Carta Portuguesa é uma estrela polar e colocou Portugal no rumo certo.

---

[46] Fui um dos promotores de iniciativa legislativa que visava responder a suspeitas de uma intenção malévola de pôr o Estado a controlar as estruturas de *fact checking*. Nunca foi aprovada e sumiu na voragem das legislaturas. Iniciativas como as do Governo federal e dos tribunais do Brasil correriam o risco de lapidação por ciberanarquistas.

[47] A opção enunciada ignora os estudos que levaram o Estado francês a extinguir a entidade homóloga e criar uma nova que abarca os média de todos os tipos: a Autorité de régulation de la communication audiovisuelle et numérique. Ela mexe-se, ao contrário da ERC, que vive em coma há anos. E importa ainda dar meios de controlo aos utilizadores, incentivando a ciberliteracia (cfr. https://www.vie-publique.fr/en-bref/286577-reseaux-sociaux-redonner-le-controle-aux-utilisateurs).

A ESTRANHA EXPERIÊNCIA DAS APLICAÇÕES DE MONITORIZAÇÃO DA COVID-19 NO QUADRO DA DIGITALIZAÇÃO DO DIREITO

Paula Veiga
Universidade de Coimbra
ORCID: 0000-0003-3863-9988

Nos dias 20 a 23 de setembro de 2021, na Faculdade de Direito da Universidade de Coimbra (Colégio da Trindade), realizou-se o *Autumn Event* da *Global Digital Human Rights Network*. Foi um encontro que decorreu em formato híbrido, coorganizado por Alexandre Dias Pereira e a autora desta breve nota, no âmbito da participação de portugueses, através do Instituto Jurídico da Faculdade de Direito da Universidade de Coimbra, na Ação COST *Global Digital Human Rights Network* (CA19143)[48].

No *Evento de Outono* fizemos uma breve intervenção sobre a COVID-19 e as aplicações de monitorização da doença, que rotulámos de *experiência estranha* (*COVID-19 and contact tracing apps: a strange*

---

[48] GDHRNet. *Training school in Coimbra event.* https://gdhrnet.eu/reports-from-events/training-school-in-coimbra-event/, acedido em 2024/05/31.

experience, no original). O tema daria, depois, azo a um artigo, que se encontra atualmente no prelo, no âmbito do *Working Group 1 (Fundamental and vertical dimension of human rights online)* da citada Ação COST, e que será publicado em livro pela *Cambridge University Press* (ed. de Tiina Pajuste), agora com o título mais elaborado de *The paradox of digitalization in the case of the COVID apps – what lessons can we learn from this strange experience?*

Como se compreende, não se poderá reproduzir na presente publicação o que vamos dar à estampa em outra sede. No entanto, podemos adiantar quais eram as principais questões que desejávamos abordar com a breve comunicação então proferida, quais sejam a da perplexidade (quando não a da contradição...) pela não adesão a plataformas digitais quando estava em causa a defesa de um direito humano tão essencial quanto o do direito à saúde e a proteção do bem jurídico saúde pública, na medida em que, via de regra, as pessoas aderem, com grande facilidade, a aplicações e plataformas digitais quando em causa estão compras *online*, redes sociais ou outras atividades. É, pelo menos, essa a perceção generalizada que existe na nossa era da digitalização. Com efeito, atualmente, quase todos recorremos a aplicações, que baixamos para os nossos aparelhos digitais, para levar a cabo variadíssimas tarefas.

Na época (estávamos em 2021), constatámos um relativo insucesso das aplicações de *contact tracing* para o efeito já mencionado, muito embora as propostas europeias avançadas tivessem sempre em conta a defesa da *rule of law*, dos direitos humanos e da privacidade dos dados. O Conselho da Europa havia-se pronunciado sobre esta questão em abril de 2020, garantindo a anonimização dos dados que viessem a ser recolhidos, a observância do princípio da finalidade, bem como o caráter voluntário das aplicações tecnológicas que viessem a ser criadas (*vide* Orientações n.º 4/2020[49]). Também a Comissão Europeia havia emitido uma Recomendação sobre a criação de uma única e centralizada

---

[49] European Data Protection Board. (2020). *Guidelines 04/2020 on the use of location data and contact tracing tools in the context of the COVID-19 outbreak.* https://www.edpb.europa.eu/our-work-tools/our-documents/guidelines/guidelines-042020-use-location-data-and-contact-tracing_en, acedido em 2024/05/23.

aplicação para todos os Estados da União Europeia. Mas tal intuito acabou por não vingar.

O estudo de caso que apresentámos incidiu sobre a aplicação criada em Portugal, designada *StayAway Covid,* lançada em setembro de 2020 e que hoje já não se encontra disponível[1]. À época, alertámos para o facto de o Governo português ter chegado a adiantar a ideia de que a aplicação deveria ser obrigatória, o que acabou por não suceder[2]. Analisando esta experiência, percebemos que a aplicação perdeu prestígio, uma vez que apenas 20% dos cidadãos com telemóvel baixaram a aplicação. O criador da aplicação – o Presidente do Inesc Tec – acabou por revelar que a tecnologia não fora suficiente, embora tecnologicamente o sistema tivesse funcionado[3].

A ideia que então transmitimos foi a de que não compreendíamos a falha de sucesso da aplicação, uma vez que não seria intuito da aplicação substituir a pessoa humana, nem o seu papel no combate à pandemia, mas a de que a tecnologia poderia ser, neste caso em concreto, um bom auxílio à travagem da disseminação do vírus. Por outras palavras, a aplicação permitiria usar a tecnologia a favor do ser humano e da sua saúde.

Em virtude deste relativo insucesso buscámos literatura que pudesse explicar a razão pela qual as reações pareciam estar a ser diferentes no Ocidente e na Ásia, em que havia uma adesão mais forte. Chegámos à conclusão de que em causa poderiam estar questões de natureza cultural (com efeito, os asiáticos têm uma maior sensibilidade para questões do coletivo, e o ocidente mais individual) ou, o que seria menos fácil de resolver, questões de confiança nas instituições públicas.

---

[1] Jornal Público. (2022, 26 de setembro). *App* móvel StayAway Covid deixa de estar disponível. https://www.publico.pt/2022/09/26/tecnologia/noticia/app-movel-stayaway-covid-deixa-estar-disponivel-2021926, acedido em 2024/05/14.

[2] Jornal Público. (2021, 1 de setembro) Tentativa de tornar aplicação StayAway Covid obrigatória foi um dos seus "fracassos". https://www.publico.pt/2021/09/01/sociedade/noticia/ tentativa-tornar-app-stayaway-obrigatoria-fracassos-1975939, acedido em 2024/05/14.

[3] Jornal Público. (2021, 1 de setembro). Só 20% de telemóveis mantêm a StayAway Covid. "A *app* perdeu reputação". https://www.publico.pt/2021/09/01/tecnologia/noticia/so-20-telemoveis-mantem-stayaway-covid-app-perdeu-reputacao-1976024, acedido em 2024/05/14.

Perguntei-me (e perguntei-nos) se a confiança nas instituições, nomeadamente nas políticas, não estaria em crise desde o início do século xxi. Percebemos, de imediato, o perigo que tal representaria para a própria democracia, porque, embora uma saudável desconfiança seja vital num regime democrático, a democracia também depende da confiança dos cidadãos nas instituições que os representam. Lembrámo-nos dos critérios especiais para o estabelecimento de redes de confiança baseados em elementos particulares que estão muito *na moda,* critérios como a raça, a origem étnica, o tipo de vida, a religião, etc. e perguntámo-nos se estaríamos a seguir o caminho adequado.

A grande conclusão que tirámos, à época, foi a da necessidade de voltarmos a refletir sobre os elementos de liberdade, quer individual quer coletiva, num espaço público democrático. A nosso ver, os conceitos operatórios seriam os de sempre – a defesa do Estado de Direito e a importância de regulação jurídica no quadro da digitalização, para que não se minasse a confiança dos cidadãos nas instituições públicas e, por decorrência, no Estado. O perigo maior parecia ser o de um mundo digital pós-representativo. Um campo desconhecido, portanto, e, por esse motivo, não isento de riscos.

HUMAN DIGNITY AND HUMAN RIGHTS WITHIN THE DIGITALIZATION OF SOCIAL RELATIONS – A LEGAL-PHILOSOPHICAL STANDPOINT

Ana Margarida Simões Gaudêncio
Universidade de Coimbra
ORCID: 0000-0001-6398-6864

1. Digitalization of social relations, human dignity, and human rights

Regarding the *dematerialization*, in general, and the *digitalization*, in special, of social relations and of their respective subjects, the atomization of intersubjectivity illustrates multiple scenarios of an at least apparent (and paradoxical…) deconstruction of subjectivities, in general, and, above all, and specifically, in the political and juridical contexts. As if the entire cultural construction, which generates intersubjectivity and juridicity, could now be seen only as a reflection of the macroscopically (a-)criticism, spraying society in an inevitably crescent move towards individuality. And as if, in an eventually compensatory counterpoint, there were – there are, actually –, voluntarily (even individualistically

sustained…) agreed, and/or (re)converted, (post-modern) community-
-densifying aggregations, in microscopically substantialized forms of life
– in the limit – and, paradoxically –, inhibiting individuality… –, of human
and trans-human communities – in assimilations of and/or with other
forms of life and/or other forms of intelligence. Hence, the borders of
personal (inter)subjectivity are surpassed, as humanly and axiologically
rooted, and (or, at least…) communicatively constituted, and/or displacing
the problematic core of the discussion of meaning(s) and content(s) of
the *subject of law* as a rational category – a constitutive matrix concept –,
expressing juridical (inter)subjectivity, from juridical dignity and from
human dignity to alternative material densifications and formal
structuring of (inter)subjectivity – post-, trans-, and even supra-human(s).

The aforementioned references may certainly be better understood
if recognized, albeit exemplarily, in some other structural domains of
current societies, such as technology and market economy. In that first
domain, from that which has become usual to call the "information
society" (Ascensão, 2001, p. 45 ff; Araújo, 1999, pp. 7-71) – unfolding in
the multiple use of technological resources for electronic commerce,
for example, and also from biotechnology and nanotechnology –, multiple
benefits – but also dangers – result for societies, and multiple challenges
arise for law: from the need for a redefinition of the intimate, private
and social spheres, to the juridical projection itself – given the changes
in the understanding of the biological matrix – of the notion of human
beings and of their dignity, with the concomitant specific refractions of
ethics, and, especially, bioethics (see Costa, 1999; Loureiro, 2003, vol. II,
respectively pp. 773-790, 825-842, and 914-949; Dawkins, 1976, 1995).
Which can be seen, whilst inspired by Darwin's evolutionary theory,
within the concentration of evolution on the notion of gene (*selfish gene*),
and the respective sociological projection in the proposition of the notion
of *meme*, as a unit of cultural transmission (Dawkins, 1976, 1995), regarding
international instruments – exemplarily, in the Convention for the
Protection of Human Rights and Dignity of the Human Being with
Regard to the Application of Biology and Medicine: Convention on
Human Rights and Medicine, 4 April 1997, and in the Universal

Declaration on the Human Genome and Human Rights, 11 November 1997. Since the evolution of genetic engineering could lead to *eugenics*, even if *liberal* – to say it with Jürgen Habermas (2001; Czikszentmihalyi, 2002; Dawkins, 2002) –, or, in a different sense, *positive* – saying it with Arthur Kaufmann (1997, p. 320), and comprehending also copyright in the cyberspace, and the right to informational self-determination (Pereira, 2008). In the second domain, many other challenges emerge, from the discussion of the necessity/non-necessity of international regulation of markets to the discussion of the State model itself (Silva, 2008), for instance in sustainable economic and environmental protection policies (Aragão, 2006). Somehow, it may seem an approach to the *Brave New World* of Aldous Huxley (1932) …

Mobilizing the *discourse* of human rights as a definition of an *ideal human condition*, determined as universal, following cultural Western criteria – often of political and economic operators (much less guided by and for the substance of the conditions of human life than exactly for economic expansion), allow for the transformation of his substantial concepts and procedures into an omnipresent jargon in sociological and philosophical constructions, despite the indifference to the culturally specific characteristics of the subjects in question, and, so, often, the absence of content.

In light of an anew perspectivation of the substantially densifying determinations of human rights in the present circumstances, the traditionally called perspectives on the nature of the so-called human rights are effectively at stake – starting from the distinction between naturalistic and political perspectives, and, essentially intertwined in that and corresponding to it, the distinction between human rights as moral, political and juridical rights, starting from the distinction between universalism(s) and relativism(s), and exposed in association with the problem of the *culturality* or *a-culturality* of human rights (Cruft, R., Liao, S. M. & Renzo, 2015, pp. 1-41).

Historically, the institutionalization, in 1948, of the Universal Declaration of Human Rights – later complemented by the International Covenant on Civil and Political Rights and the International Covenant on Economic, Social and Cultural Rights, both in 1966 – states a crucial evolution from the modern Déclaration des Droits de l'Homme et du Citoyen, of 1789, repositioning the issue of human rights (Marques, 2007, pp. 217-224; 2005, pp. 163-166; Waterlot, 1996, pp. 53-70, 60-65), and the discussion on their cultural or non-cultural character, thus opening up new generations of human rights, and establishing the notions of humanity and dignity as a fundamental pillar – already in article 1/1: «All human beings are born free and equal in dignity and rights. They are endowed with reason and conscience and should act towards one another in a spirit of brotherhood».

Between an extreme relativism and an irreducible universalism, given the difficulties of presenting universalizable densifications, several attempts to discern a common core and a differentiated ramification of human rights aim today at assimilating the material realization of humanity, in the innumerable perspectives synchronously and diachronically in presence. Which is to say that, around a core of *common humanity*, multiple peripheries of particularized densification of positive affirmations of rights – but also, in its verse, and even positively, of duties – hardly decontextualized. And, nevertheless, a representation of the highest reference to humanity and its dignity, affirmed as *rights, human rights* (Andrade, 2019, pp. 31-37; Haarscher, 1993, especially pp. 41-45 and 119-124; Jerónimo, 2001, pp. 259-260).

2. Human dignity and human rights vis-à-vis digital intelligence and artificial intelligence

The proliferation of the use of information technology, in general, and telematics, in particular, requires a deep reflection, from multiple points of view, and thus also, specifically, in what truly matters here, from the point of view of Law and of/for Human Rights, as to the meanings, foundations and limits of the mechanisms in question – from the outset, the contents and results of digital intelligence, on the one hand, and artificial intelligence, on the other.

At the international level, the beginning of this millennium was marked by the World Summit on the Information Society (WSIS), in 2003 (Geneve) and 2005 (Tunes), from which resulted the WSIS Declaration of Principles «Building the Information Society: a global challenge in the new Millennium», which affirms the safeguarding of human rights, under the terms of previous international declarations, in the face of the use of digital media (Information and Communication Technologies (ICTs)).

Digital intelligence may represent the interaction between human intelligence and artificial intelligence, as an ability to understand the design and use of digital mechanisms – and, thus, with cognitive implications for understanding, learning and adaptation – as an ability to acquire and apply new knowledge and skills related to digital technologies. In fact, in the 21st century, digital transformation is decisive – with resolutions at the level of artificial intelligence (AI), the internet of things (IoT), 5G, high-performance computing and data analysis – leading us to *a society of digital intelligence*. Therefore, it is not a matter of using digital technologies excluding human capacity, but the *ex novo* constitution of cognitive and operative capacities resulting from that interaction/dialectical relationship. Unlike IQ, commonly seen as a genetically determined intelligence, DQ, or digital quotient, is a progressive and intentional construction through these interactions. Artificial intelligence, in turn, refers to non-human intelligence, including learning machines in general, with language processing, specialized systems, vision, speech, planning and robotics (since Turing, 1950; McCarthy & Hayes, 1969; Kissinger, 2021). Many writings have and are now discussing these notions, such as Nick Bostrom's *Superintelligence* (2014) and Pedro Domingos's *The Master Algorithm* (2015). Artificial intelligence surrounds us completely today, from the most particular individual *actions* to the most global intersubjective *interactions*: from the most intimate connections established and developed at home to the frequency of social networks, from the email to the "internet of things", from the globalization of markets to the digitization of work and organizations, from big data and blockchain to quantum computing (Rozinajová, Ezzeddine, Grmanová, Vrablecová & Pomffyová, 2021).

Conceived from the idea of human dignity, juridical dignity – as a condition and substrate of the entitlement of rights and duties – currently faces decisive challenges to its intention and content: if the constitutive basis of juridical subjectivity and intersubjectivity is no longer exclusively the human being, it is not only a matter of admitting new subjects to law, it is the very matrix of intelligibility of the juridicity that is transformed, producing a shift in the characterization of the imputation centre of subjectivity and, consequently, of juridical intersubjectivity.

Therefore, talking about *digital rights* requires talking about juridical rights and duties entitled and exercised in the digital environment and mobilizing the mechanisms provided in this environment as *rights*: as the evolution of (and for) digital intelligence changes the notion of intersubjectivity and the role of law in society, an analysis of the reformulation of the substance and the structure of rights and duties emerges as a key to the construction of normatively adequate responses to new social challenges. It must, then, be asked whether it makes sense to talk about *digital rights*. It is a matter of talking about rights as subjective rights, technically considered, in their dogmatically established meanings and contours. Speaking of digital rights may not necessarily imply a reference to a new category of intelligibility (tool of understanding). Such a novelty is, certainly, primarily due to the environment in which such rights are affirmed and exercised: the digital medium, in the sense of mobilization of telematic media (Susi, 2020). Digital rights are, therefore, essentially, and, in the first place, rights exercised in the digital medium or through digital media. And this will be so even if we were to consider another possible sense: that in which digital rights are understood as rights to access to digital media. In this latter sense, it is no longer just a matter of changing the way in which rights are exercised, but a matter of an effective demanding for access to the use of digital media. It shows, therefore, crucial, to understand how and to what extent human rights – and, consequently, when so, as subjective rights –, are transformed into a new category, as a result of the environment and media in which or through which they are exercised.

An analysis of some examples of rights that may be in question here may illustrate the argument, specifically as if manifestations of a first generation of human rights, following Karel Vasak (1977, 1982): for example, the right to freedom, in a *negative* and in a *positive* sense – including privacy and freedom of expression, and data protection, and, within this, still, for example, anonymity and oblivion; and the right to security, including both non-intervention and protection.

From the point of view of the right to freedom, even if only referring to the Universal Declaration of Human Rights, it will be necessary to distinguish, at least, political freedom, information, expression, and circulation (Articles 2, 3, 18 to 21, 26, and 28 to 30 of the Universal Declaration of Human Rights). Freedom immediately appears in article 1, associated with dignity, as fundamental pillars of human rights: «All human beings are born free and equal in dignity and rights. They are endowed with reason and conscience and should act towards one another in a spirit of brotherhood». And article 3 establishes: «Everyone has the right to life, liberty and security of person». Article 18, in turn, establishes the right to freedom of thought, conscience, and religion. And article 19 refers freedom of opinion and expression.

From the point of view of the right to security (Articles 3, 22, and 25 of the Universal Declaration of Human Rights) – of the law and before the law – article 3, already cited, refers to personal security. Regarding the European Convention on Human Rights, multiple articles refer to freedoms. Specifically, as to the point now at issue here, article 8, on the right to respect for private and family life. On the other hand, article 9 enshrines freedom of thought, conscience and of religion. And article 10, freedom of expression.

In this context, there is still another crucial reference, on some similar provisions present in the Charter of Fundamental Rights of the European Union. Thus, for instance, Article 6 enshrines the right to liberty and security. Article 7 deals with respect for private and family life. Article 8 on personal data protection. Article 10 considers freedom of thought, conscience, and religion. And Article 11 is about freedom of expression and information.

Specifically carrying out a more in-depth reflection on another example, the *right to erasure*, or *right to be forgotten*, it is possible to identify a right whose meaning and content assimilate the faculty of a subject to prevent someone from disclosing a certain fact or an event related to someone else's private life,. Hence, there remains the crucial question of whether it constitutes a *human right* – and, consequently, whether it can be considered as an effective *subjective right* –, and, thus, a human right of the *last generation*, or if it will, after all, still be a specification of the right to freedom of expression (Lambert, 2019; Werro, 2020): could we be living in the *Nineteen Eighty-Four*, foreseen by George Orwell (1949)?

The General Data Protection Regulation (GDPR), in force since 25 May 2018, governs, at European Union level, the processing of personal data, specifically the ways in which it must be collected, processed, and erased. As for the "right to be forgotten", which had already been considered by the case law of the European Union, particularly in a 2014 judgment of the Court of Justice of the European Union (judgment of 13 May 2014, case C 131/12), establishing the crucial precedent for the regime now contained in the GDPR – in Article 17: Right to data erasure ("right to be forgotten"): «1. The data subject shall have the right to obtain from the controller the erasure of personal data concerning him or her without undue delay and the controller shall have the obligation to erase personal data without undue delay where one of the following grounds applies…».

From May 2021 (in force on July 2021), the Portuguese Charter on Human Rights in the Digital Era (Law 27/2021, 17 May), states specific protection of rights in the digital environment, such as the right to access to telematic media, and other specifications of fundamental rights, and also dogmatic constructions of *new* rights, such as the *right to be* forgotten, or *right to erasure* (article 13): «1 – Todos têm o direito de obter do Estado apoio no exercício do direito ao apagamento de dados pessoais que lhes digam respeito, nos termos e nas condições estabelecidas na legislação europeia e nacional aplicáveis. / 2 – O direito ao esquecimento pode ser exercido a título póstumo por qualquer herdeiro do titular do direito, salvo quando este tenha feito determinação em sentido contrário». («1 – Everyone has the right to obtain support from the State in exercising the right to the erasure of personal data concerning them, under the terms and conditions established in the applicable European and national legislation. / 2 – The right to oblivion may be exercised to posthumous title by any heir of the holder of the right, unless the latter has made a determination to the contrary»). Therefore, the Portuguese Charter on Human Rights in the Digital Era (Law 27/2021, 17 May) affirms several rights as rights in the digital environment: freedom of expression and creation in a digital environment; guarantee of access and use; right to protection against misinformation; rights to assemble, demonstrate, associate and participate in a digital environment; right to privacy in a digital environment; use of artificial intelligence and robots; right to net neutrality; right to the development of digital skills; right to identity and other personal rights; right to be forgotten; rights on digital platforms; right to cybersecurity; right to freedom of content creation and protection; right to protection against abusive geolocation; right to digital will; digital rights before the Public Administration; children's rights.

From a juridical point of view, to critically reflect on freedom and security it is necessary to specify the axiological-normative meanings of the principles of freedom and of security as foundations of law, and, thus, to ask for the axiological value of the juridical criteria and their foundation in juridical principles, and of these latter as effective normative principles (Neves, 1995c, pp. 95-180, 172-175; Bronze, 2019, pp. 627-650; Linhares, 2012a, pp. 413-421; Linhares, 2012b, pp. 30-35). The reciprocal delimitation of fundamental principles and rights, namely freedom and responsibility, at stake here, poses, therefore, a problem of practical and normative adequacy, specifically of practical agreement. Between ethical virtues, on the one hand, and juridical rights and duties, on the other, far from unanimity, the dialectic between freedom and responsibility implies that the boundary between self and other, and thus between freedom and responsibility, specific qualities of law – the reciprocal demand, to the other and to the self… –, sometimes assume opposite contours, depending on the contexts, from the most individually responsible to the most collectively repressive.

Freedom, as a manifestation of autonomy, a socially built category, constitutes a rational reference to action, which corresponds, in the sense of the bilaterality of law, to a correspondingly intrinsic dimension of responsibility (Gaudêncio, 2020)… Along with this, security is also a fundamental value, combining in a materially densifying understanding of law reconciled with a material, contextualized, sense of justice. Representing, then, independently of the media mobilized, a crucial part of the set of fundamental principles of law, freedom and security will also be effects of the law in force, as practical consequences of the nature and the enforcement of the law – building and manifesting positive freedom and negative freedom, on the one hand, and security, of law, through law and before law, on the other (Neves, 1995a).

Whether from the point of view of the legislation or from that of the judicial decision, in a space-time adequacy structure, the discussion around the use of information technology in the determination of the model and rational justification of juridical decisions, capable of transforming the judicial decision into a matter of "automatic subsumption" and "quantum computation", will require the assumption of the position taken by law (Kaufmann & Hassemer, 1994; Bronze, 1998). The juridical adequate response may not necessarily be the option for the functionalization of law to the demands of political, technological, social, and economic forces, from the outside – leading the courts' decisions to options between possible alternatives oriented by objectives, pre-defined in the light of judgments of prognosis, or even of probability, or even in the absence of those, and to be measured by empirically verifiable results (Neves, 1999a, pp. 176-190) –, nor the option for formal alienation, leading the courts' decisions to exercises of formal conditionality, indifferent to and differentiated from the intrinsic teleology of the social sub-systems external to the legal system, such as proposed by Niklas Luhmann (1993; Neves, 1999b, pp. 48-51). In view of the vertiginous acceleration of the succession of *events*, its simultaneity and eventually reciprocal interaction, the possibility of verifying a *butterfly effect*, such as that of

Edward Lorenz, must be considered, insofar as, in the light of systems theory, the legal system is understood as a complex, dynamic, and open one, an attempt to partial determination amid *chaos*, not an autopoietically constructed enclosure (Gleick, 1987; Maturana & Varela, 1972).

3. Beyond digitalization, juridical dignity, and the place(s) of human rights in juridical (inter)subjectivity

If and while the human brain is assumed as the ascription centre for the determination of juridical responsibility and, hence, juridical relevance, even within a chain of control levels increasingly established through artificial intelligence, juridical intersubjectivity will be assumed and considered as , or by analogy to, cultural and historical experience, referring to different perceptions of *being a person*, and of the concept of *dignity* that circumstantially corresponds to it… The situation will be, however, very different, if the kind of subjects is changed, that is, if one or more subjects intervening in the juridical relationships are not persons: from this point of view, aren't we already in a time and space of post-humanism(s), or trans-humanism(s) – as Ray Kurzweil proposes (Kurzweil, 2005)? The term post-humanism may generically designate, among multiple specifications, the overcoming of humanism – the humanism of the Roman *humanitas*, even the *human*, today, beyond the limits of human intelligence, whether through post-modernism or trans-humanism, in the sense that, for example, Francis Fukuyama has presented it (Fukuyama, 2002). In fact, the meaning and content of *humanitas*, partially inherited by Roman thought from Greek thought, results not only from literacy but also from a certain culturally constitutive condition – *dignitas* (Gaudêncio, 2022). The word *humanitas*, on the one hand, and the word *humanism*, on the other, assume, however, many different meanings. Thinking about post-humanism from the perspective of juridical intersubjectivity will imply considering not only the problem of the connection and/or the relations between human beings and non-human beings, regardless of which the latter are (meaning members of other animal or vegetal species, the environment in general, or even the artificial intelligence products…), but also of the relationships between non-human beings among themselves. If and when the subjects are not human beings, what may, then, determine and qualify the juridical dignity of the intervening subjects in a relationship to be regulated by law, on the one hand, and, on the other hand, with what legitimacy and in what ways will the limits of intersubjectivity be established – that is, the delimitations of free and responsible action within law (Hansell & Grassie, 2011)?

In a post-human, trans-human, supra-human, perspectivation of intersubjectivity, the *man-machine* relationship may, in the limit, be inverted, demanding for the meaning of juridical dignity as a condition for juridical subjectivity (Gaudêncio, 2022). Moreover, a (re)signification of *society*, and of *community*, may be modelled, opposing the community of human subjects under the supervision of the machine/artificial intelligence to the eventual community resulting from the machine--human and machine-machine relationships, requesting the legitimacy and viability of a permanent surveillance and conditioning (Orwell, again?). And, thus, a community that progressively is coalesced around a hedonistically constructed ideal of happiness (Huxley, again?…), consciously or unconsciously abdicating of the commitment to the assumption of the content of intersubjectivity in the structurally-institutionally democratic framework: assenting to limiting, even to renouncing, the democratic construction of subjectivity and intersubjectivity, and of dignity itself, in order to obtain a supposed security, paradoxically conferred by a permanently vigilant diffuse scrutiny.

If and when the juridical valuation of socially interfering behaviours (or the materially underlying meaning of them) does nor reside any more in the axis of relativization and comparability of the subjects, it is not only a change in the positioning of the defining line of juridical intersubjectivity that it will be at stake, but also, and mainly, an effective change of the meaning, intent and content of law itself, opening a radically new space to substantialising and delimiting what is a *subject of law*.

So, considering that the configuration of juridical intersubjectivity implies a dialectic between a pole of *suum* – of autonomy – and a pole of *commune* – of responsibility –, following the proposal of Castanheira Neves (2012, p. 16; 1995b, pp. 415-416), such a dialectic, and, thus, the sense and the borders of juridicity it weaves together, must, at the very least, be re-equated, both in terms of their meaning and of the content of the reciprocal protection to be given to the subjects of law, and of the determination of *who* or *what* can assume juridical dignity – in correspondence-analogy with human dignity, or, if in the absence of such a referent, insofar as the requirements of valuation presuppose different instantiations –, which will establish totally different meanings and contents to the entitlement of rights and duties, and imply a repositioning of the respective material and formal limits. Whilst being a subject of law presupposes, in principle, being a person, and, therefore, a human being – or a collective composed of human beings –, this will be the main condition for being the holder of juridical rights and duties, meaning that the rational centre of imputation is identified with an element of the human species. The fundamental question – the paradigm... – thus remains in being a person – first, in personhood, and then, in personality (Solum, 1992; Pietrzykowski, 2018).

Projecting, within, but also beyond, this framework, the realization of human rights as effective juridical rights, transforming into normative effectiveness the axiological-normative presuppositions they contain, will imply more than assuming them as demands for the protection of citizens before the States, and even in different levels of protection and/or intervention by the States, in a potentially universal movement. It will involve determining them historically and culturally and regarding them within the specific context of juridical intersubjectivity. To be assumed as juridical, as Castanheira Neves proposes, human rights imply, in the consideration of the other, the counter pole of duty, and thus the affirmation of rights and of correlated duties, in a communally assimilated dialectic between autonomy and responsibility (Neves, 2012, pp. 20-21; 2008a, pp. 42-51; 2008b) – with which the aforementioned cultural contextualization of juridical intersubjectivity will lead to different balances, assuming a dialogical structural basis of the construction of law. And opening, therefore, the meaning of law, in the dialectical conjugation between an individual *suum* and an integrative *commune*, simultaneously as a condition of reciprocal delimitation of action and of convergence in the realization of the human (Neves, 1971-72, pp. 125--130; 1995b, p. 416; Gaudêncio, 2020, p. 4 ff.).

Although human dignity and human rights are signifiers with as many meanings (-*signified* contents) as the civilizational experiences considered (Marques, 2009), only their reciprocal recognition can constitute the mainstay of a materially *autonomous meaning of law* (Neves, 2002, pp. 869-870). Such reciprocal recognition, whilst assuming specifically cultural assertions of axiology and normativity – not forgetting the contributions of other axiologically and normatively relevant dimensions of social ordering –, confers to law the position of an indispensable instance, at the same time normatively constitutive and reflexively critical of intersubjectivity. Restating, among the multiple and decisive challenges ahead, the urgency of the implementation of human rights, as rights, through law.

References

Andrade, J. C. V. (2019). *Os direitos fundamentais na Constituição Portuguesa de 1976* (6. ed.). Coimbra: Almedina.

Aragão, M. A. S. (2006). *O princípio do nível elevado de protecção ecológica: resíduos, fluxos de materiais e justiça ecológica*. Coimbra: Almedina.

Araújo, F. (1999) Lógica jurídica e informática jurídica: Da axiomatização deôntica às estruturas não monotónicas do raciocínio rebatível. *Direito da Sociedade de Informação*, 1, 7-71. Associação Portuguesa do Direito Intelectual, Faculdade de Direito da Universidade de Lisboa.

Ascensão, J. (2001). *Estudos sobre direito da internet e da sociedade de informação*. Coimbra: Almedina.

Bostrom, N. (2014). *Superintelligence: Paths, Dangers, Strategies*. Oxford University Press.

Bronze, F. J.

— (1998). O jurista: pessoa ou andróide?. In *AB UNO AD OMNES – 75 anos da Coimbra Editora (pp. 73-122)*. Coimbra: Coimbra Editora. (Reimpresso em *Analogias* (pp. 31-79). Coimbra: Coimbra Editora, 2012).

— (2019). *Lições de Introdução ao Direito* (3rd ed). Gestlegal.

Council of Europe. (1997). *Convention for the Protection of Human Rights and Dignity of the Human Being with Regard to the Application of Biology and Medicine: Convention on Human Rights and Medicine.* (http://conventions.coe.int/Treaty/en/Treaties/Html/164.htm

Costa, J. F. (1999). *A linha (algumas reflexões sobre a responsabilidade em um tempo de "técnica" e de "bio-ética")*. In J. A. Pinto Ribeiro (Coord.), *O Homem e o Tempo: Liber Amicorum para Miguel Baptista Pereira* (pp. 397-411). Porto: Fundação Eng. António de Almeida.

Cruft, R., Liao, S. M., & Renzo, M. (Eds.). (2015). *Philosophical Foundations of Human Rights*. Oxford University Press.

Czikszentmihalyi, M. (2002). The Future of Happiness. In J. Brockman (Ed.), *The Next Fifty Years: Science in the First Half of the Twenty-First Century* (pp. 93-104). New York: Vintage Books.

Dawkins, R.

— (1976). *The Selfish Gene*. Oxford University Press.

— (1995). A Survival Machine. In J. Brockman (Ed.), *The Third Culture: Beyond the Scientific Revolution (pp.74-95)*. New York: Touchstone.

— (2002). Son of Moore's Law. In J. Brockman (Ed.), *The Next Fifty Years: Science in the First Half of the Twenty-First Century.* (pp. 145-158). New York: Vintage Books.

Domingos, P. (2015). *The Master Algorithm: How the Quest for the Ultimate Learning Machine will Remake our World*. Basic Books.

Fukuyama, F. (2002). *Our Posthuman Future: Consequences of the Biotechnology Revolution*. New York: Farrar, Straus and Giroux.

Gaudêncio, A. M.

— (2020). Responsabilidade como princípio e limite(s) da(s) intersubjectividade(s) jurídica(s): Reflexões em torno da proposta de Castanheira Neves. *Revista de Direito da Responsabilidade*, 2, pp. 771-790 .

— (2022). Merit, Value and Justification: Human Digniy Vis-à-Vis Legal (Inter) subjectivity – The Autonomy of Subjects Within the Autonomy of Law. In J. M.

Aroso Linhares & M. Atienza (Eds.), *Human Dignity and the Autonomy of Law* (pp. 115-131). Springer.

Gleick, J. (1987). *Chaos: Making a New Science*. New York: Viking Penguin.

Haarscher, G. (1993). *Philosophie des droits de l'homme* (ed. revisée). Éditions de l'Université de Bruxelles.

Habermas, J. (2001). *Die Zukunft der menschlichen Natur. Auf dem Weg zur liberalen Eugenik?* Frankfurt am Main: Suhrkamp.

Hansell, G. R., & Grassie, W. (Eds.). (2011). *H+/-: Transhumanism and its Critics*. Philadelphia: Metanexus Institute.

Huxley, A. (1932). *Brave New World*. London: Harper & Brothers.

Jerónimo, P. (2001). *Os Direitos do Homem à escala das Civilizações*. Coimbra: Almedina.

Jonas, H. (1985). *Technik, Medizin und Ethik. Zur Praxis des Prinzips Verantwortung*. Suhrkamp.

Kaufmann, A. (1997). *C. H. Rechtsphilosophie*. Beck.

Kaufmann, A., & Hassemer, W. (Eds.).. (1994). *Einführung in Rechtsphilosophie und Rechtstheorie der Gegenwart* (6ª ed.). C. F. Müller Juristischer Verlag.

Kissinger, H. A., Schmidt, E., & Huttenlocher, D. (2021). *The Age of AI: And Our Human Future*. Little, Brown, and Company.

Kurzweil, R. (2005). *The Singularity Is Near: When Humans Transcend Biology*. Penguin.

Lambert, P. (2019). *The Right to be Forgotten*. Bloomsbury Academic.

Linhares, J. M. A.

— (2008). A "abertura ao futuro" como dimensão do problema do direito: um "correlato" da pretensão de autonomia?. In A. Avelãs Nunes & J. M. Coutinho (Coords.), *O Direito e o Futuro: O Futuro do Direito* (pp. 391-429). Almedina.

— (2012a). Na 'coroa de fumo' da teoria dos princípios: poderá um tratamento dos princípios como normas servir-nos de guia?. In F. A. Correia, J. E. M. Machado, & J. C. Loureiro (Eds.), *Estudos em Homenagem ao Professor Doutor José Joaquim Gomes Canotilho, STVDIA IVRIDICA, 106, Ad Honorem – 6, Volume III – Direitos e interconstitucionalidade: entre dignidade e cosmopolitismo* (pp. 395-421). Coimbra: Coimbra Editora.

— (2012b). Validade comunitária e contextos de realização. Anotações em espelho sobre a concepção jurisprudencialista do sistema. *Revista da Faculdade de Direito da Universidade Lusófona do Porto, 1*(1), 30-35. (https://revistas.ulusofona.pt/index.php/rfdulp/article/view/2966).

Loureiro, J. (2003). *Constitutição e biomedicina: contributo para uma teoria dos deveres bioconstitucionais na esfera da genética humana*. Coimbra.

Luhmann, N. (1993). *Das Recht der Gesellschaft*. Suhrkamp.

Marques, M. R.

— (2005). Direitos fundamentais e afirmação de identidades. *Economia e Sociologia*, 80, 157-169.

— (2007). *Introdução ao Direito I (2nd ed.)*. Almedina.

— (2009). A dignidade humana como prius axiomático. In M. da Costa Andrade, M. J. Antunes, & S. A. de Sousa (Eds.), *Estudos em Homenagem ao Prof. Doutor Jorge de Figueiredo Dias* (Vol. IV, pp. 541-566). Coimbra: Coimbra Editora.

Maturana, H. R., & Varela, F. J. (1972). *Autopoiesis and Cognition: The Realization of the Living*. Dordrecht: Reidel.

McCarthy, J. & Hayes, P. J. (1969). Some philosophical problems from the standpoint of artificial intelligence. In B. Meltzer & D. Michie (Eds.), *Machine Intelligence 4* pp. 463-502). Edinburgh University Press.

Neves, A. C.

— (1971-72). *Curso de Introdução ao Estudo do Direito: lições proferidas a um curso do 1.º ano da Faculdade de Direito de Coimbra, no ano lectivo de 1971-72*. Coimbra.

— (1995a). *Justiça e Direito*. In *Digesta – Escritos acerca do Direito, do pensamento jurídico, da sua metodologia e outros* (Vol. I, pp. 241-286). Coimbra: Coimbra Editora.

— (1995b). O princípio da legalidade criminal. O seu problema jurídico e o seu critério dogmático. In *Digesta – Escritos acerca do Direito, do pensamento jurídico, da sua metodologia e outros* (Vol. I, pp. 349-473). Coimbra: Coimbra Editora.

— (1995c). A unidade do sistema jurídico: o seu problema e o seu sentido. In *Digesta – Escritos acerca do Direito, do pensamento jurídico, da sua metodologia e outros* (Vol. II, pp. 95-180). Coimbra: Coimbra Editora.

— (1999a). *Teoria do Direito. Lições proferidas no ano lectivo de 1998/99*. Coimbra.

— (1999b). *Apontamentos complementares de Teoria do Direito: – Sumários e textos*. Coimbra.

— (2002). Coordenadas de uma reflexão sobre o problema universal do Direito – ou as condições da emergência do Direito como Direito. In R. M. Moura Ramos, C. Ferreira de Almeida, A. Marques dos Santos, P. Pais de Vasconcelos, L. Lima Pinheiro, M. Helena Brito, & D. Moura Vicente (Orgs.), *Estudos em homenagem à Professora Doutora Isabel de Magalhães Collaço*. (vol. II, pp. 837-871). Almedina.

— (2008a). O direito interrogado pelo tempo presente na perspectiva do futuro. In A. Avelãs Nunes & J. de Miranda Coutinho (Coords.), *O Direito e o Futuro. O Futuro do Direito* (pp. 9-82). Almedina.

— (2008b). O problema da universalidade do direito – ou o direito hoje, na diferença e no encontro humano-dialogante das culturas. In: *Digesta – Escritos acerca do Direito, do pensamento jurídico, da sua metodologia e outros* (Vol. III, pp. 101-128). Coimbra Editora.

— (2012). Uma reconstituição do sentido do direito – na sua autonomia, nos seus limites, nas suas alternativas. *Revista da Faculdade de Direito da Universidade Lusófona do Porto*, 1(1).

Orwell, G. (1949). *Nineteen Eighty-Four* Secker & Warburg.

Pereira, A. L. D. (2008). *Direitos de autor e liberdade de informação*. Almedina.

Pietrzykowski, T. (2018). *Personhood Beyond Humanism: Animal, Chimeras, Autonomus Agents and the Law*. Springer.

Rozinajová, V., Ezzeddine, A. B., Grmanová, G., Vrablecová, P. B., & Pomffyová, M. (2021). Intelligent Analysis of Data Streams. In J. Paralič, P. Sinčák, P. Hartono, & V. Mařík (Eds.), *Towards Digital Intelligence Society: A Knowlegde-Based Approach* (pp. 98-116). Springer.

Silva, J. N. C. (2008). *Mercado e Estado: serviços de interesse económico geral*. Coimbra: Almedina.

Solum, L. B. (1992). Legal Personhood for Artificial Intelligences, *North Carolina Law Review*, 70(4).

Susi, M. (Ed.). (2020). *Human Rights, Digital Society and the Law. A Research Companion*. Routledge.

Turing, A. M. (1950). Computers Machinery and Intelligence. *Mind, New Series*, 59 (236), 433-460.

Vasak, K.

— (1977). Human Rights: A Thirty-Year Struggle: the Sustained Efforts to give Force of law to the Universal Declaration of Human Rights. *UNESCO Courier, 30* (11), 29-32.

— (1982). (Ed.). *The International Dimensions of Human Rights*. UNESCO.

Waterlot, G. (1996). Human Rights and the Fate of Tolerance. In P. Ricoeur (Ed.), *Tolerance Between Intolerance and the Intolerable* (pp. 53-70). Providence, Oxford: Berghahn Books.

Werro, F. (Ed.). (2020). *The Right To Be Forgotten: A Comparative Study of the Emergent Right's Evolution and Application in Europe, the Americas and Asia*. Springer.

A CARTA PORTUGUESA DE DIREITOS HUMANOS NA ERA DIGITAL: AVANÇO JUSFUNDAMENTAL OU SIMBOLISMO RETÓRICO?[1]

Marta Costa Santos
Universidade de Coimbra
ORCID: 0000-0002-3833-4984

Eduardo A. S. Figueiredo
Universidade de Coimbra
ORCID: 0000-0002-8156-9367

1. Considerações preliminares em torno da emergência do constitucionalismo digital na transição para o século XXI

Como bem refere J. J. Gomes Canotilho (2003, p. 51), «[c]onstitucio-nalismo é a teoria (ou ideologia) que ergue o princípio do governo

---

[1] O presente escrito encontra-se publicado, com o mesmo título, na *Revista de Direito Intelectual*, N.º 1, 2025. Ao Senhor Professor Doutor Alexandre Dias Pereira, coordenador desta obra coletiva, o nosso sentido agradecimento por nos ter desafiado a escrevê-lo, bem como pelo interesse e disponibilidade que manifestou para também o incluir aqui.

limitado indispensável à garantia de direitos em dimensão estruturante da organização político-social de uma comunidade». Não se trata de um conceito cujas raízes espácio-temporais possam ser definidas com exatidão, porquanto emergiu como resultado de um conjunto heterogéneo de movimentos políticos, sociais e culturais, todos eles com tessituras muito próprias, não obstante eventuais pontos de contacto. Razão pela qual faz sentido reportarmo-nos àquele no plural – *constitucionalismos* – e não no singular.

Apesar do que agora foi referido, a doutrina tende a apresentar-nos o *constitucionalismo moderno* como um conceito surgido nos finais do século XVIII, essencialmente no seguimento da conquista histórica de direitos inglesa, do proclamar das *freedoms* (norte-)americanas e do revolucionarismo (des)constituinte francês (Miranda, 2014, p. 129 e ss.). Daqui emergiu, recorda-nos Rogério Soares, um «conceito ocidental de Constituição», a configurar esta como «ordem ordenante do ser comum» e não mero «pressuposto lógico-formal do direito positivo ordinário» (Soares, 1986). Nesta altura, quer o constitucionalismo quer a Constituição tinham no Estado, aqui entendido ainda no clássico sentido vestefaliano, o seu principal referente (Beaud, 2012, pp. 271-72).

Quase duzentos anos se passaram e a nova realidade globalizada e mundializada – que começou a afirmar-se de forma particularmente fervorosa na segunda metade do século XX – veio colocar em crise alguns alicerces sobre os quais assentaram o constitucionalismo e a Constituição, aqui entendidos naquele sentido moderno, em termos que levaram mesmo alguns autores a antever o seu desaparecimento (Dobner & Loughlin, 2010). Acontece que, ao contrário do que muitas vezes se faz crer, o processo de desnacionalização, ainda hoje em curso, apresenta-se «parcelar e geograficamente diferenciado», não atingindo todos os recantos do globo da mesma forma ou com a mesma intensidade (Medeiros, 2019, p. 38). Por outro lado, mesmo nos contextos em que aquele processo se tem feito sentir mais intensamente, o Estado não se tornou um elemento dispensável ou substituível, passando antes a ver-se integrado numa complexa rede de *constelações pós-nacionais* (Habermas, 2001). Tudo isto tornando muito improvável o desaparecimento do constitucionalismo e da Constituição, estando antes em causa a sua metamorfose em termos multiníveis (Pernice, 1999). Aos poucos, o lugar referencial outrora ocupado pelo Estado vai sendo tomado pela comunidade política (Loureiro, 2003, p. 182 e ss.).

Acontece que este cenário, já *per se* muito desafiante, surge hoje complexificado em razão daquilo a que se tem apelidado de *Quarta Revolução Industrial* (Schwab, 2016), baseada na "revolução digital" que teve início da década de 60 do século passado, mas levando esta bem mais longe. Carateriza-se, *inter alia*, pelo desenvolvimento de tecnologias digitais centradas em *hardware*, *software* e redes de computadores mais sofisticadas e integradas, o que tem transformado profundamente as sociedades e a economia global. Quer se queira quer não, é hoje incontornável a omnipresença da Internet, de dispositivos eletrónicos (computadores, *smartphones*, *tablets*), das plataformas digitais, da automatização, da inteligência artificial, para avançarmos apenas alguns exemplos. De repente, o 'mundo-da-vida' vê-se acompanhado de um 'mundo digital', povoado por pessoas humanas munidas de novas máscaras (*avatares*), pessoas coletivas (públicas e privadas) e até por um conjunto heterogéneo de outras "criaturas", como *bots*, algoritmos, *cookies*, *etc.* (Silva, 2024, pp. 43-62).

Mais uma vez, e em simultâneo, o constitucionalismo e a Constituição são desafiados a expandir-se por novas coordenadas espácio-temporais e, assim, a reinventar-se. Não se trata apenas de procurar incorporar na 'arquitetura' do ciberespaço uma série de imperativos de justiça e de valores democráticos; mas sim de compreender a geopolítica da "constelação digital" (Pernice, 2017), não só em termos objetivos – *v.g.*, apreendendo as relações de poder e dominação que ali se estabelecem e sobre as quais lhes incumbirá atuar –, mas também em termos subjetivos – *v.g.*, analisando o modo como este 'admirável mundo novo' surge governado por uma série de atores privados transnacionais, cuja ação produz desafios crescentes para os Estados Constitucionais e que estes têm muita dificuldade em controlar (De Gregorio, 2022, p. 3). A busca por um novo referente (ou até, por *novos referentes*, no plural) torna-se uma tarefa tão urgente quanto hercúlea.

De todos os modos, é evidente a importância do papel que o constitucionalismo e a Constituição desempenharão nesta *Quarta Revolução Industrial*, mormente para servir de contraponto ao conjunto amplo e heterogéneo de fatores que, no quadro da digitalização, possam resultar em lesões jusfundamentais ou em abusos de poder (Suzor, 2019, p. 113). Tudo isto com repercussões interessantes nos seus vários pilares (Veiga, 2020, p. 1129 e ss.):

Ao nível do *pilar da jusfundamentalidade*, emergem novos bens jurídicos com relevância constitucional e, consequentemente, uma série de direitos e deveres que se destinam a tutelá-los. Há mesmo quem se refira a uma "quinta geração" de direitos tecnológicos (Silva, 2024, p. 31), embora este enquadramento dificilmente se possa revelar de grande préstimo, inclusive no plano teorético-dogmático. Além disso, e não de forma menos importante, assiste-se ao desvendar de novas dimensões de direitos e deveres já existentes, apontando expressamente para aspetos de digitalização (Canotilho, 2019, pp. 70-1). Mais uma vez, a realidade (agora não física, mas digital) prova-nos que os direitos e liberdades não são entidades estáticas, encontrando-se em permanente mutação (ora num sentido expansivo, ora de retração). Por fim, torna-se cada vez mais evidente que as lesões jusfundamentais não derivam unicamente de ações ou omissões encetadas pelo Estado, mas também por uma série de atores privados, nacionais e transnacionais (De Gregorio, 2022, p. 2). Em consequência, a dogmática é chamada a 'construir' novos mecanismos de tutela, bem como a aperfeiçoar aqueles já existentes (pensemos, por exemplo, na teoria da eficácia horizontal dos direitos e liberdades humanas e fundamentais).

Já no *pilar organizatório-funcional*, são desencadeadas transformações significativas quanto ao modo como as instituições, órgãos e organismos se encontram estruturados, às funções que desempenham e ao seu modo de atuação (procedimentos e formas). Em particular, urge que sejam engendradas novas formas de *equilíbrio de poder* entre Estados e os atores privados transnacionais, com destaque para as plataformas digitais. Basta pensarmos, por exemplo, que as redes sociais (Facebook, Instagram, X, TikTok…) são hoje os 'países' mais populosos do mundo e senhores do mercado, tendo enorme influência e logrando facilmente furtar-se a qualquer 'controlo' nacional. Por outro lado, incumbe àquelas definir os seus termos e condições, relacionando-se com os utilizadores de forma indubitavelmente assimétrica, nomeadamente no que respeita ao processo de captura de dados, visto por muitos como um meio de «acumulação por desapropriação» capitalista, que coloniza e mercantiliza a vida quotidiana de forma anteriormente impossível (Fourcade & Kluttz, 2020). Neste contexto, são enormes os riscos de abusos e arbitrariedades, o que reclama esquemas de governação inovadores e orientados por valores, regras e princípios constitucionais (Sousa, 2022, p. 124 e ss.).

Por fim, no que respeita ao *pilar da legitimidade*, assiste-se à emergência de uma nova esfera digital (onde, de resto, as fronteiras entre o público e o privado se tornam cada vez mais ténues e nebulosas…), em que comunidades fragmentadas de internautas se digladiam por hegemonia. A tomada de decisão e a participação nos processos decisórios assumem outras vestes; os mecanismos de consenso diversificam-se e complexificam-se; emergem novas fontes de legitimidade que outrora eram tidas como impensáveis. Em particular, torna-se imprescindível compreender como aquela esfera digital se cruza com as muitas esferas que compõem o 'mundo-da-vida', por vezes em termos que conduzem mesmo à sua ampliação ou eclosão.

Note o leitor que o diagnóstico aqui esboçado é somente o *possível*, porquanto todo este processo de metamorfose digital do constitucionalismo e da Constituição está apenas no seu início (Veiga, 2020, p. 1138), embora a digitalização da economia e da própria sociedade se encontre hoje já num estado muito avançado. Vale a pena, porém, debruçarmo--nos mais detidamente sobre o modo como o mesmo tem tido lugar no contexto português. É justamente isso que procuraremos fazer ao longo das próximas páginas.

2. Constituição da República Portuguesa de 1976, direitos fundamentais e digita(liza)ção

É interessante notar que, já na sua versão originária, a Constituição da República Portuguesa (CRP) de 1976 consagrava um preceito relativo à "Utilização da informática" (artigo 35.º). Aí se dispunha que:

> 1. Todos os cidadãos têm o direito de tomar conhecimento do que constar de registos mecanográficos a seu respeito e do fim a que se destinam as informações, podendo exigir a retificação dos dados e a sua atualização.
> 2. A informática não pode ser usada para tratamento de dados referentes a convicções políticas, fé religiosa ou vida privada, salvo quando se trate do processamento de dados não identificáveis para fins estatísticos.
> 3. É proibida a atribuição de um número nacional único aos cidadãos.

Posteriormente, no âmbito das revisões constitucionais de 1982, 1989 e 1997, o mesmo veio a ser modificado e ampliado, apresentando hoje a seguinte redação:

> 1. Todos os cidadãos têm o direito de acesso aos dados informatizados que lhes digam respeito, podendo exigir a sua retificação e atualização, e o direito de conhecer a finalidade a que se destinam, nos termos da lei.
> 2. A lei define o conceito de dados pessoais, bem como as condições aplicáveis ao seu tratamento automatizado, conexão, transmissão e utilização, e garante a sua proteção, designadamente através de entidade administrativa independente.
> 3. A informática não pode ser utilizada para tratamento de dados referentes a convicções filosóficas ou políticas, filiação partidária ou sindical, fé religiosa, vida privada e origem étnica, salvo mediante consentimento expresso do titular, autorização prevista por lei

com garantias de não discriminação ou para processamento de dados estatísticos não individualmente identificáveis.

4. É proibido o acesso a dados pessoais de terceiros, salvo em casos excecionais previstos na lei.

5. É proibida a atribuição de um número nacional único aos cidadãos.

6. A todos é garantido livre acesso às redes informáticas de uso público, definindo a lei o regime aplicável aos fluxos de dados transfronteiras e as formas adequadas de proteção de dados pessoais e de outros cuja salvaguarda se justifique por razões de interesse nacional.

7. Os dados pessoais constantes de ficheiros manuais gozam de proteção idêntica à prevista nos números anteriores, nos termos da lei.

Trata-se de um preceito inovador, porquanto a CRP de 1976 foi das primeiras constituições europeias a rejeitar expressamente a tese da "inocuidade" da atividade informática, reconhecendo a necessidade de tutela dos direitos e liberdades da pessoa face às ameaças e inconvenientes que aquela acarreta (Gouveia, 1991, p. 703). E note-se, fê-lo em sede de 'direitos, liberdades e garantias' (DLG), assim determinando a aplicabilidade a estas normas jusfundamentais de um regime específico e mais exigente (naturalmente, além daquele de matriz geral, o qual é aplicável a todos os direitos fundamentais).

Acontece que, como bem notam J. J. Gomes Canotilho e Vital Moreira (2014, p. 550), a epígrafe do artigo – "Utilização da informática" – está longe de revelar o âmbito de proteção das normas ou segmentos de normas nele contidas. Afinal, as mesmas restringem-se à questão do *tratamento de dados pessoais informatizados*, respondendo aos desafios da digitação (*digitization*), mas revelando-se insuficientes ou até omissas face àqueles acarretados pela digitalização (*digitalization*) (para uma distinção, vd. Loureiro, 2021, p. 29). Aliás, o aprofundamento das preocupações em matéria de proteção de dados parece exigir um esforço de interpretação atualista de algumas destas normas, assim evitando que as mesmas corram o risco de acabarem obsoletas.

De todos os modos, este artigo 35.º da CRP veio consagrar, no nosso ordenamento jurídico e ao mais alto nível, a base jusfundamental da qual irradiam as normas em matéria de proteção de dados. Estamos a referir-nos ao designado 'direito à autodeterminação informacional', aqui entendido como um feixe complexo de direitos e liberdades que, no seu todo, confere a cada pessoa o «direito de controlar a informação disponível a seu respeito, impedindo-se que [a mesma] se transforme em 'simples objeto de informações'» (Canotilho & Moreira, 2014, p. 551; e ainda, Pinheiro, 2015, pp. 425-29). Como vem notando a doutrina, está em causa um «direito de defesa e um direito de liberdade com conteúdo negativo», permitindo a cada um «decidir quem, quando e em que condições, poderá usar, ou tornar pública, informação que lhe diz respeito». Para além disso, integra uma série de «faculdades de decisão e de atuação relativamente aos dados pessoais, do poder de supervisionar essa informação, prevenindo e corrigindo lesões da liberdade individual». Sendo certo que o exercício deste vetor jusfundamental exige uma prestação normativa por parte do Estado, vinculando-o a tomar medidas legislativas para a realização plena da autodeterminação da pessoa em face do uso da informática; autodeterminação essa que deve valer perante entidades públicas, mas também privadas (Miranda & Medeiros, 2017, pp. 572).

Interessante é também notar como este vetor jusfundamental se relaciona com outros constantes da nossa Constituição, seja em termos de complementação (pensemos, por exemplo, na sua forte proximidade com os direitos à identidade pessoal, desenvolvimento da personalidade e reserva da intimidade da vida privada e familiar), seja em termos de conflito (destacando-se, neste contexto, a liberdade de expressão e de informação). Mas também com uma série de normas de direito internacional (nomeadamente, constantes de diplomas de Direito Internacional dos Direitos Humanos) e de direito regional europeu (com particular destaque para aquelas aprovadas no âmbito do Conselho da Europa e da União Europeia). Tudo isto fazendo deste preceito um excelente caso de estudo no domínio da *interconstitucionalidade* (para maiores desenvolvimentos, vd. Figueiredo, 2021, pp. 215-19).

Uma última nota para deixar claro que, como é óbvio, não é apenas o artigo 35.º da CRP que assume relevância em termos de tutela da pessoa e da sua dignidade face às ameaças e inconvenientes que a digita(liza)ção acarreta para bens jurídicos fundamentais. Simplesmente, os demais direitos e liberdades fundamentais encontram-se formuladas em termos gerais, sem que se evidenciem as suas dimensões específicas em contexto digital. Nada disto deve surpreender – afinal, só ao longo das últimas três décadas (e, em alguns casos, até há bem menos tempo) é que as mesmas têm sido desvendadas pelos operadores jurídicos, e quase sempre em termos casuísticos (Pollicino, 2021, p. 12 e ss.).

No caso português, um passo significativo no aprofundamento da tutela jusfundamental em contexto de digitalização galopante foi dado com a aprovação da Carta Portuguesa de Direitos Humanos na Era Digital.

3. A Carta Portuguesa de Direitos Humanos na Era Digital: entre virtude(s) e pecado(s)

A apelidada Carta Portuguesa de Direitos Humanos na Era Digital foi aprovada pela Lei n.º 27/2021, de 17 de maio. Antes de mais, importa sublinhar que a designação dada ao diploma é algo anómala, já que a expressão "direitos humanos" apenas tende a ser utilizada no plano jurídico-internacional e não no plano interno, no qual a Carta se insere (Rodrigues & Figueiredo, 2023, p. 335). Assim, teria sido mais correta a utilização da expressão "direitos fundamentais", já que, como se verá, há boas razões para considerarmos que a grande maioria das normas que ali constam integram esse universo.

Trata-se de um diploma relativamente curto, com pouco mais de duas dezenas de artigos, mas que procura avançar respostas ambiciosas face a um conjunto de preocupações candentes resultantes da digitalização (ou, pelo menos, indicar caminhos e definir compromissos nesse sentido) (sobre algumas daquelas preocupações, vd. Celeste, 2023, p. 19 e ss.). Talvez por essa razão tenha sido tão vasto o consenso reunido na Assembleia da República aquando da sua aprovação (que acabou por acontecer sem votos contra e apenas com 14 abstenções).

No seu artigo 2.º, a Carta começa por se sublinhar que

> [a] República Portuguesa participa no processo mundial de transformação da Internet num instrumento de conquista da liberdade, igualdade e justiça social e num espaço de promoção, proteção e livre exercício dos direitos humanos, com vista a uma inclusão em ambiente digital (n.º 1).

Colocando-se de lado a redação pouco sóbria, parece-nos que esta norma possui um importante mérito (ou, se quisermos ser mais generosos, uma *virtude*). Afinal, formalizou a assunção por parte do Estado português de um compromisso jurídico-político no sentido de assegurar que a sua participação no quadro da *Quarta Revolução Industrial* será *responsável*, nomeadamente, mobilizando os meios ao seu alcance para garantir que os impactos daquela não colocam em causa valores essenciais, como a liberdade, a igualdade e a justiça. Assim, incumbe ao Estado tirar proveito das (e até, se possível, maximizar as) vantagens e benefícios do processo de digitalização, ao mesmo tempo que se mantém vigilante, preventivo e reativo face a todo o tipo de ameaças e inconvenientes que daí resultem. Mas este artigo 2.º vai ainda mais longe, asseverando também que «as normas que na ordem jurídica portuguesa consagram e tutelam direitos, liberdades e garantias são plenamente aplicáveis no ciberespaço» (n.º 2). Ora, assim se aclara que a 'gestão' dos impactos desta revolução deve ser levada a cabo a partir de uma *abordagem jusfundamental*, em todas as suas dimensões relevantes: substantivo-material, orgânico-funcional, formal e procedimental (Canotilho, 2019, pp. 69-70). Parece-nos, porém, de lamentar que esta norma se refira apenas aos DLG e não aos direitos fundamentais como um todo, assim contribuindo para aprofundar o fosso que tem separado aquela categoria de direitos dos designados 'direitos económicos, sociais e culturais' (DESC) – pelo menos daqueles que, entre estes últimos, não assumam natureza análoga aos DLG. Facto este que se torna ainda mais preocupante se tivermos em conta as inúmeras repercussões da digitalização no âmbito da socialidade, todas elas recomendando uma abordagem jusfundamental integrada.

Logo após, a Carta avança um leque variado de direitos (*v.g.*, direito de acesso ao ambiente digital – artigo 3.º; direito à proteção contra a desinformação – artigo 6.º; direitos de reunião, manifestação, associação e participação em ambiente digital – artigo 7.º; direito à privacidade em ambiente digital – artigo 8.º; direito à neutralidade da internet – artigo 10.º; direito ao desenvolvimento de competências digitais – artigo 11.º; direito ao esquecimento – artigo 13.º; direito à cibersegurança – artigo 15.º; direito à proteção contra a geolocalização abusiva – artigo 17.º; *etc.*), liberdades (*v.g.*, liberdade de expressão e criação em ambiente digital – artigo 4.º; liberdade de criação de conteúdos – artigo 16.º; *etc.*) e garantias (com destaque para a criação de uma 'ação popular digital' – artigo 21.º). Importa notar que, não obstante este diploma não possua em si mesmo um valor jurídico-constitucional (recorde-se que foi aprovado sob a forma de lei ordinária da Assembleia da República), a verdade é que vem formalizar alguns (novos) direitos e liberdades que passaram a ingressar o *corpus* constitucional, ainda que tão-só materialmente considerado. Tal deve-se ao facto de o artigo 16.º, n.º 1, da CRP determinar que "os direitos fundamentais consagrados na Constituição *não excluem quaisquer outros constantes das leis* e das regras aplicáveis de direito internacional" (*itálico nosso*). Agora note-se, nem por isso esses (novos) direitos e liberdades consagradas na Carta podem ser automaticamente tidas como fundamentais, pois tal pressupõe necessariamente prova de que a sua natureza é análoga à daqueles que integram formalmente o texto constitucional (Miranda, 2017, p. 183 e ss.). Tarefa que não parece propriamente difícil se pensarmos, por exemplo, no *direito de acesso à internet* (artigo 3.º), conhecida que é a importância desta na vida quotidiana das pessoas nos dias que correm. Por sua vez, em relação às normas da Carta que fazem referência a direitos e liberdades ditas clássicas (*v.g.*, liberdade de expressão ou direitos de reunião, manifestação e associação), parece-nos que as mesmas, sendo igualmente acolhidas por aquela *cláusula-aberta*, são melhor entendidas como meras explicitações ou clarificações de dimensões de digitalização porventura 'ocultas', mas já 'existentes', de tais vetores jusfundamentais. Sendo certo, claro, que as fronteiras entre aquele primeiro caso e este último podem ser legitimamente questionadas, porquanto há situações em que o âmbito, sentido e alcance de direitos ou liberdades ditas clássicas conheceram transformações tão significativas que pode parecer forçado adjetivar aquelas dimensões de digitalização de 'implícitas' (*v.g.*, pensemos na contraposição entre o 'direito à segurança' e o 'direito à cibersegurança'...). No entanto, salvo melhor juízo, a nossa tese coaduna-se bem com o entendimento segundo o qual os direitos e liberdades fundamentais apresentam uma natureza evolutiva (neste sentido, vd. Andrade, 2016, p. 67 e ss.), além de apresentar a vantagem de ajudar a travar o agravamento do fenómeno patológico da "panjusfundamentalização" e das suas consequências perversas (tão bem identificadas por Nabais, 2007, p. 103 e ss.).

Assim, graças a este diploma tornou-se inquestionável a irradiação dos direitos fundamentais ao ciberespaço, deixando-se claro que nenhum de nós se vê despido do seu estatuto de pessoa e da dignidade que, enquanto tal, nos assiste sempre que ingressemos no mundo digital (ou para ele sejamos por alguma razão arrastados...).

Não obstante tudo o quanto até aqui foi dito, a verdade é que a doutrina tem sido muito crítica em relação a este diploma. Em primeiro lugar, a Carta tem sido censurada por incluir "proclamações políticas" tão grandiloquentes quanto vazias, bem como por misturar, sem critério percetível, normas jurídicas substantivas, organizativas e programáticas – tudo isto minando a confiança na seriedade do projeto político e jurídico que a mesma, apesar de tudo, ainda encerra (neste sentido, vd. Alexandrino, 2021; e ainda, Silva, 2024, p. 9). Em segundo lugar, há quem entenda que, em muitos casos, o diploma se afigura verdadeiramente redundante, 'duplicando' normas jusfundamentais, o que poderá ter efeitos perversos não só ao nível interpretativo-hermenêutico, mas também em termos aplicativos (Farinho, 2021, p. 92; e ainda, Sousa, 2022, pp. 111-12). Em terceiro lugar, a Carta agrava o risco de emergência de conflitos e tensões a nível jusfundamental, especialmente considerando o atual contexto de tutela multinível dos direitos (Farinho, 2021, p. 93). Pense-se, por exemplo, na sua 'ingerência' em matéria de proteção de dados, a qual, à data da publicação do diploma, já se encontrava extensamente regulada por legislação europeia (máxime, pelo conhecido *Regulamento Geral sobre Proteção de Dados* ou RGPD). Em quarto e último lugar, houve quem entendesse que o legislador foi longe demais e acabou por consagrar na Carta normas restritivas de DLG, em termos que violavam o disposto no próprio texto constitucional (desde logo, atento o conteúdo do seu artigo 18.º, n.ᵒˢ 2 e 3). Ora, foi justamente o que aconteceu com o já referido 'direito à proteção contra a desinformação', consagrado no artigo 6.º, o qual foi criticado por gerar forte insegurança jurídica e alargar desmedidamente o campo de intervenção do Estado num domínio onde vigora a estrita regra da 'distância' (Alexandrino, 2021), a ponto de ser acusado de institucionalizar o retorno da censura a Portugal (Leitão, 2022) e de ser qualificado como "pecado mortal" (Silva, 2024, p. 9). Tendo em conta o impacto deste artigo no modo como a Carta foi rececionada e percecionada pelos operadores jurídicos e pelo público em geral, debrucemo-nos mais detidamente sobre ele.

4. O 'direito à proteção contra a desinformação': morrer da doença ou morrer da cura?

Não restam dúvidas de que sociedades abertas e democráticas só podem ser construídas num ambiente onde as pessoas tenham acesso a informação variada e verificável, que lhes permita participar de forma esclarecida nos debates públicos sobre questões políticas, económicas e sociais, expressando a sua vontade através de processos livres e justos.

Acontece que a *desinformação* é hoje galopante, afirmando-se como um fenómeno que afeta todos os países à escala mundial, desde logo devido ao desenvolvimento de novas tecnologias de informação e comunicação (NTIC) que, com rapidez, eficácia e a baixo custo, permitem que uma informação falsa seja transmitida a um número muito considerável de utilizadores em todo o mundo.

Neste contexto, as plataformas de redes sociais, cujo papel é absolutamente determinante na "*nouvelle* esfera pública digital" (Sousa, 2022, p. 55), têm sido utilizadas como veículo privilegiado para a propagação da desinformação, facto este que se torna ainda mais preocupante atendendo a que se estima que mais de metade da população da maioria dos Estados-Membros da União Europeia recebe parte significativa das notícias através das mesmas (Mitchell *et al.*, 2018).

Por outro lado, os avanços no domínio da inteligência artificial têm dado uma nova dimensão ao fenómeno da desinformação (Nuñez, 2020). Basta pensarmos no caso dos '*deepfakes*', que tornam difícil ao público compreender se um dado recurso multimédia (por exemplo, imagens ou vídeos) – e, consequentemente, a informação no mesmo transmitida, – é verdadeiro ou falso.

Ora, mas o que se entende exatamente por *desinformação*? Trata-se de informação comprovadamente falsa, imprecisa ou enganadora, que é criada, apresentada, divulgada e/ou promovida para obter vantagens económicas ou para enganar deliberadamente, prejudicando o interesse público e causando intencionalmente danos públicos[1].

Sendo certo que a disponibilização destes conteúdos desinformativos – cujo alcance pode ser exacerbado pela forma como os diferentes públicos a eles reagem e os partilham – põe em causa os valores e processos democráticos, mina a confiança nas instituições e nos média tradicionais, manipula a opinião pública, compromete a capacidade dos cidadãos de tomar decisões esclarecidas e favorece narrativas populistas, radicais e extremistas (Comissão Europeia, 2018a). Por outro lado, influencia o debate no seio de determinadas microesferas públicas temáticas (sobre migrações, conflitos, alterações climáticas, género e sexualidade, saúde, *etc.*),

---

[1] Este conceito não deve ser confundido com aquilo a que se vem apelidando de '*misinformation*', isto é, com informação falsa ou imprecisa que é criada, apresentada, divulgada e/ou promovida, mas sem que o agente tenha conhecimento da sua falsidade ou imprecisão (como é o caso de erros cometidos por jornalistas, discurso político-partidário, uso de manchetes '*clickbait*') (Comissão Europeia *et al.*, 2018).

não raras vezes chegando a espoletar consequências perversas e muito difíceis de contrariar. Basta pensarmos, por exemplo, na quantidade impressionante de informações comprovadamente falsas, imprecisas ou enganadoras que circularam pela Internet ao longo das várias fases que compuseram a crise pandémica da COVID-19, em alguns casos conduzindo mesmo à perda de vidas humanas e à produção de verdadeiros tumultos sociais. A gravidade da situação levou inclusive a Organização Mundial de Saúde (OMS) a reportar-se a uma *«infodemia»*. Tudo isto contribuindo para a fragilização do próprio Estado de Direito e da jusfundamentalidade, máxime da liberdade de expressão e de informação, mas também a própria liberdade de imprensa e dos meios de comunicação social.

Posto isto, várias são as iniciativas que têm sido adotadas com vista a prevenir e combater o fenómeno da desinformação. Por exemplo, no caso da União Europeia (UE), os esforços remontam a março de 2015, quando o Conselho Europeu convidou a Alta Representante da União para os Negócios Estrangeiros e a Política de Segurança (ARUNEPS), em cooperação com os Estados-Membros e as instituições da UE, a preparar "um plano de ação para uma comunicação estratégica" visando "reagir às atuais campanhas de desinformação lançadas pela Rússia" (EUCO 11/15, §13). Algum tempo depois, em dezembro de 2018, a Comissão Europeia publicou um *Plano de Ação contra a Desinformação*, onde estabeleceu dez ações específicas assentes em quatro domínios prioritários ou «pilares» visando a sociedade no seu conjunto, todas elas centradas na transparência, na comunicação e na literacia, mas sem que tenham sido adotadas medidas de maior fôlego, como a proibição da desinformação (Comissão Europeia, 2018b; e ainda, Kouroutakis, 2020). É interessante notar que o recente *Regulamento dos Serviços Digitais* – Regulamento (UE) 2022/2065, do Parlamento Europeu e do Conselho, de 19 de outubro de 2022, relativo a um mercado único para os serviços digitais e que altera a Diretiva 2000/31/CE –, não trata a desinformação como conteúdo necessariamente ilegal, mas sim como conteúdo prejudicial resultante do exercício da liberdade de expressão. Apesar disso, impõe às plataformas digitais que tomem medidas para fazer face à divulgação e disseminação de conteúdos desinformativos, nomeadamente dispondo de um mecanismo que permita aos utilizadores sinalizar os mesmos, e agindo rapidamente na sequência destas notificações. De resto, nos termos dos artigos 2.º a 6.º do Tratado sobre o Funcionamento da União Europeia (TFUE), tem-se entendido que a prevenção e combate à desinformação competem, em primeira instância, aos próprios Estados-Membros.

A nível nacional, limitando-nos ao quadrante europeu, pode verificar-se que a maioria dos Estados-Membros da UE não dispõe de legislação específica em relação ao fenómeno da desinformação, sendo o mesmo tratado no quadro de diplomas mais gerais, de valor constitucional ou legal, com destaque para o plano criminal (Sessa, 2023)[2]. No caso português, esse passo foi dado aquando da adoção da já referida Carta Portuguesa de Direitos Humanos na Era Digital, onde foi consagrado um 'direito à proteção contra a desinformação', nos seguintes termos:

> 1 – O Estado assegura o cumprimento em Portugal do Plano Europeu de Ação contra a Desinformação, por forma a proteger a sociedade contra pessoas singulares ou coletivas, de jure ou de facto, que produzam, reproduzam ou difundam narrativa considerada desinformação, nos termos do número seguinte.
>
> 2 – Considera-se desinformação toda a narrativa comprovadamente falsa ou enganadora criada, apresentada e divulgada para obter vantagens económicas ou para enganar deliberadamente o público, e que seja suscetível de causar um prejuízo

---

[2] Por exemplo, o artigo 25.º da Constituição da Lituânia de 1992 (revista, pela última vez, em 2019) estabelece que «a liberdade de expressar convicções e de transmitir informações é incompatível com ações criminosas – incitamento ao ódio nacional, racial, religioso ou social, à violência e à discriminação, à calúnia e à *desinformação*» (*itálico nosso*); na Grécia, encontra-se criminalizada da conduta de «quem, publicamente ou através da Internet, espalhe ou divulgue, por qualquer forma, notícias falsas suscetíveis de causar preocupação ou medo ao público ou de abalar a confiança do mesmo na economia nacional, na capacidade de defesa do país ou na saúde pública» (cf. artigo 191.º do Código Penal grego); na Letónia, encontra-se criminalizada a «perturbação grave da ordem pública», nomeadamente por via da disseminação pública de informação falsa ou ficcional (cf. artigo 231.º do Código Penal letão); na Roménia, encontra-se criminalizada a «comunicação ou divulgação, por qualquer meio, de notícias, dados ou informações falsas ou de documentos falsificados, com conhecimento da sua falsidade, se tal puser em causa a segurança nacional» (cf. artigo 404.º do Código Penal romeno); por fim, na França, foi adotada a *Loi n.º 2018-1202 du 22 décembre 2018*, relativa à luta contra a manipulação da informação, aplicável em período eleitoral.

público, nomeadamente ameaça aos processos políticos democráticos, aos processos de elaboração de políticas públicas e a bens públicos.

3 – Para efeitos do número anterior, considera-se, designadamente, informação comprovadamente falsa ou enganadora a utilização de textos ou vídeos manipulados ou fabricados, bem como as práticas para inundar as caixas de correio eletrónico e o uso de redes de seguidores fictícios.

4 – Não estão abrangidos pelo disposto no presente artigo os meros erros na comunicação de informações, bem como as sátiras ou paródias.

5 – Todos têm o direito de apresentar e ver apreciadas pela Entidade Reguladora para a Comunicação Social queixas contra as entidades que pratiquem os atos previstos no presente artigo, sendo aplicáveis os meios de ação referidos no artigo 21.º e o disposto na Lei n.º 53/2005, de 8 de novembro, relativamente aos procedimentos de queixa e deliberação e ao regime sancionatório.

6 – O Estado apoia a criação de estruturas de verificação de factos por órgãos de comunicação social devidamente registados e incentiva a atribuição de selos de qualidade por entidades fidedignas dotadas do estatuto de utilidade pública.

Como já foi mencionado *supra*, a reação dos operadores jurídicos e do público em geral face a estas normas foi de imediato alarme e reprovação, talvez pela sua proximidade ao artigo 20.º da *Constituição Política da República Portuguesa de 1933*, onde se estabelecia que "a opinião pública é elemento fundamental da política e administração do País, incumbindo ao Estado defendê-la de todos os fatores que a desorientem contra a verdade, a justiça, a boa administração e o bem comum". Assim, este artigo 6.º parecia assumir-se «mais como uma restrição ao direito à liberdade de expressão do que um novo direito dos cidadãos» (Leitão, 2022) – e note-se, em termos que dificilmente podiam ser considerados conformes ao texto constitucional, como deram conta o Presidente da República e a Provedora de Justiça, nos pedidos de fiscalização abstrata sucessiva da inconstitucionalidade que cada um dirigiu ao Tribunal Constitucional. No primeiro caso, começou por sublinhar-se a natureza "excessiva ou infundada" da restrição em causa, assim colocando em causa o princípio da proporcionalidade. Além disso, alertou-se para a utilização abusiva de conceitos vagos e indeterminados, sem densidade constitucional suficiente (como "narrativa comprovadamente falsa ou enganadora"; "ameaça aos processos políticos democráticos, aos processos de elaboração de políticas públicas"; ou "utilização de textos ou vídeos manipulados ou fabricados, bem como as práticas para inundar as caixas de correio eletrónico e o uso de redes de seguidores fictícios"), em termos que punham em causa o princípio da precisão ou determinabilidade das leis, cuja observância rigorosa é particularmente relevante no âmbito de leis restritivas de DLG. Observação que é feita logo se ressalvando que, mesmo que o legislador tivesse tido outro cuidado na definição dos conceitos, uma interpretação dos mesmos que conduzisse a um resultado censório nunca poderia substituir no nosso sistema constitucional. Mais se salientou que o n.º 6 daquele artigo 6.º, ao prever que

> 'o Estado apoia a criação de estruturas de verificação de factos por órgãos de comunicação social devidamente registados e incentiva a atribuição de selos de qualidade por entidades fidedignas dotadas do estatuto de utilidade pública', poderia incorrer em inconstitucionalidade na medida em que, assentando nos conceitos indeterminados já referidos, previsse a atuação do Estado na criação de estruturas de verificação de factos cujo âmbito de atuação é desconhecido – e não o deveria ser no plano de uma lei restritiva – e cuja natureza ficaria também por esclarecer.

No segundo caso, realçou-se a inconstitucionalidade das normas constantes dos n.ºˢ 5 e 6 daquele artigo 6.º por violação dos princípios da reserva de lei e da proporcionalidade, entendendo-se ser constitucionalmente inadmissível que alguém possa ser alvo de um processo de contraordenação por se limitar a exprimir ou difundir uma ideia, um pensamento ou mesmo determinado conteúdo informativo no ambiente digital, e tendo em conta que não são especificadas a natureza e modo de apoio do Estado às estruturas de verificação de factos, ao contrário do que exige a Constituição em relação às leis restritivas de direitos fundamentais. Subsidiariamente, requereu a apreciação e declaração da ilegalidade da norma constante do n.º 5 do mesmo artigo 6.º da Lei n.º 27/2021, por violação de normas do Estatuto da Entidade Reguladora para a Comunicação Social.

Ulteriormente à apresentação daqueles pedidos de fiscalização da inconstitucionalidade, a Assembleia da República – segundo alguns, "para evitar a humilhação de uma declaração de inconstitucionalidade" (Silva, 2024, p. 11) – aprovou a Lei n.º 15/2022, de 11 de agosto, alterando o n.º 1 e revogando os n.ºs 2 a 6 do artigo 6.º da Lei n.º 27/2021, passando aquele artigo a apresentar a seguinte redação:

> 1 – O Estado assegura o cumprimento em Portugal do Plano Europeu de Ação contra a Desinformação, por forma a proteger a sociedade contra pessoas singulares ou coletivas, de jure ou de facto, que produzam, reproduzam ou difundam narrativa considerada desinformação.

Em consequência, o Tribunal Constitucional decidiu, pela inexistência de interesse jurídico relevante, em controlar as normas revogadas, considerando ainda que a norma do n.º 1 do artigo 6.º, sem as normas revogadas – para as quais remetia –, não tinha autonomia aplicativa (Acórdão do Tribunal Constitucional n.º 66/2023, de 7 de março, Proc. n.º 814/2021). Interessante é notar que, entre a apresentação dos pedidos de fiscalização abstrata sucessiva da inconstitucionalidade acima referidos e a aprovação pela Assembleia da República daquela Lei n.º 15/2022 tenha passado mais de um ano, sem que o Tribunal tivesse emanado uma decisão – que chegou tarde e, por isso, assumiu apenas um caráter técnico-processual…

Ora, por nossa parte, acompanhamos a tese de que algumas normas daquele artigo 6.º se afiguravam problemáticas em termos jusfundamentais, tendo em conta a sua agressividade para direitos e liberdades fundamentais (como é o caso da liberdade de expressão e informação) e a sua natureza vaga e indeterminada, o que tornava nebulosa o âmbito, sentido e alcance da intervenção do Estado e da Entidade Reguladora para a Comunicação Social no combate à desinformação (também neste sentido, vd. Alexandrino, 2021; Farinho, 2021, pp. 96-102; Leitão, 2022; Sousa, 2022, pp. 111-15; Figueiredo, 2023, pp. 20-2; Castro, 2023, pp. 248-49; Vicente, 2023, pp. 503-505; Silva, 2024, pp. 9-11). E a verdade é que a única norma daquele artigo que ainda subsiste no diploma é meramente compromissória, vendo-se desacompanhada de qualquer mecanismo concreto de operacionalização, embora nem por isso se possa considerar desprovida de força normativa (sobre este conceito, vd. Thibierge, 2009). De todos os modos, parece pouco, muito pouco, atendendo a gravidade do fenómeno da desinformação e as consequências nefastas que o mesmo traz associadas.

Apesar de tudo isto, vale uma última palavra para dar conta de vozes que entendem que, elaborado em termos mais cuidadosos, o modelo ensaiado pelo legislador português pode revelar-se interessante no âmbito de um sistema de governação digital multinível (Sousa, 2022, p. 114). De facto, talvez o fenómeno da desinformação só possa ser combatido em termos colaborativos, vinculando-se os atores privados transnacionais (essencialmente, aqueles detentores de plataformas digitais) a desenvolver, individual ou coletivamente, mecanismos para controlar a desinformação entre os seus utilizadores, os quais deverão, por sua vez, ser aprovados por entidades reguladoras independentes, que monitorizam a sua eficácia, segurança e 'diligência' jusfundamental (Marsden *et al.*, 2020).

5. Reflexão conclusiva: há futuro para a Carta Portuguesa de Direitos Humanos na Era Digital?

Prever se há futuro para a Carta Portuguesa de Direitos Humanos na Era Digital não se afigura tarefa fácil. Por um lado, o diploma alinha--se na perfeição com o 'espírito' do *constitucionalismo digital*, ressaltando que a pessoa e a sua dignidade se mantêm intocadas no ciberespaço, e ainda que os impactos da digitalização têm aberto as portas à afirmação de novos bens jurídicos (ou de dimensões de bens jurídicos já existentes) que carecem de ser devidamente tutelados(as). Por outro lado, o 'pecado mortal' contido na versão originária do seu artigo 6.º, hoje reduzido a um mero compromisso de alinhamento com a estratégia europeia em matéria de desinformação (o que, de algum modo, representa uma 'delegação' de responsabilidades na UE no sentido de definição dos meios a empregar para prevenir e combater aquela), parece ter ofuscado o demais conteúdo do diploma e até tê-lo marcado com um certo estigma. Assim, cremos que só o tempo nos poderá ajudar a compreender se, uma vez confrontados com os enormes desafios advindos da revolução digital, a doutrina, a jurisprudência e os demais operadores jurídicos se voltam para a Carta e, naturalmente, se encontram nela elementos úteis para impedir que direitos e liberdades humanas e fundamentais venham a ser vulnerados. Até lá, continuará incerto o seu destino: avanço jusfundamental ou simbolismo retórico?

Bibliografia consultada

Alexandrino, J. M. (2021, 1 de dezembro). Dez breves apontamentos sobre a Carta Portuguesa de Direitos Humanos na Era Digital. ICJP/CIDP.

Andrade, J. C. V. de. (2016). *Os direitos fundamentais na constituição portuguesa de 1976* (5.ª ed.). Almedina.

Beaud, O. (2012). Conceptions of the State. In M. Rosenfeld & A. Sajó, (Eds.), *The Oxford Handbook of Comparative Constitutional Law* (pp. 269-282). Oxford University Press.

Canotilho, J. J. G.

— (2003). *Direito constitucional e teoria da constituição* (7.ª ed.). Almedina.

— (2019). Sobre a indispensabilidade de uma Carta de Direitos Fundamentais Digitais da União Europeia. *Revista do Tribunal Regional Federal da 1.ª Região, 31(1)*, 69-75.

Canotilho, J. J. G., & Moreira, V. (2014). *Constituição da República Portuguesa anotada – Vol. I*. Coimbra: Coimbra Editora.

Castro, R. B. (2023). *Direito constitucional: ciberespaço e tecnologia – declínio do constitucionalismo da UE?* Coimbra: Almedina.

Celeste, E. (2023). *Digital constitutionalism: the role of internet bill of rights.* London/ /New York: Routledge.

Comissão Europeia.

— (2018a, 26 de abril). *Comunicação da Comissão ao Parlamento Europeu, ao Conselho, ao Comité Económico e Social Europeu e ao Comité das Regiões – Combater a desinformação em linha: uma estratégia europeia.* (COM(2018) 236 final).

— (2018b, 5 de dezembro). *Comunicação Conjunta ao Parlamento Europeu, ao Conselho Europeu, ao Conselho, ao Comité Económico e Social Europeu e ao Comité das Regiões – Plano de Ação contra a Desinformação.* (JOIN(2018) 36 final).

Comissão Europeia et al. (2018). *A multi-dimensional approach to disinformation – Report of the independent High level Group on fake news and online disinformation.* Luxembourg: Publications Office of the European Union.

De Gregorio, G. (2022). *Digital constitutionalism in Europe: reframing rights and powers in the algorithmic society.* Cambridge University Press.

Dobner, P. & Loughlin, M. (2010). *The twilight of constitutionalism?* Oxford University Press.

Farinho, D. S. (2021). The Portuguese Charter of Human Rights in the Digital Age: a legal appraisal. *Revista Española de la Transparencia, 8*(3), 85-105.

Figueiredo, E. A. S.

— (2021). *Direito e nanobiotecnociência: reflexões na encruzilhada da inovação, do risco e da crise do(s) direito(s).* Almedina.

— (2023). *O impacto das medidas de COVID-19 nos direitos humanos.* Projeto Tik Tak: Human Rights on Hold, 1-47.

Fourcade, M. & Kluttz, D. N. (2020). A Maussian bargain: accumulation by gift in the digital economy. *Big Data & Society, 7*(1), 1-16.

Gouveia, J. B. (1991). Os direitos fundamentais à proteção dos dados pessoais informatizados. *Revista da Ordem dos Advogados, 3*, 699-732.

Habermas, J. (2001). *The postnational constellation: political essays.* (M. Pensky, Trad.). Cambridge, MA: The MIT Press.

Kouroutakis, A. (2020). EU action plan against disinformation: public authorities, platforms and the people. *International Lawyer, 53*(2), 277-290.

Leitão, L. M. (2022, 14 de junho). A inconstitucionalidade da Carta Portuguesa de Direitos Humanos na Era Digital. *Jornal I.*

Loureiro, J.

— (2003). *Constituição e biomedicina: contributo para uma teoria dos deveres bioconstitucionais na esfera da genética humana – vol. I.* Coimbra: Faculdade de Direito da Universidade de Coimbra.

— (2021). Nota de apresentação: nanorrevolução e direito(s) num tempo 4.0. In E. A. S. Figueiredo, (Ed.) *Direito e nanobiotecnociência: reflexões na encruzilhada da inovação, do risco e da crise do(s) direito(s)* (pp. 17-40). Coimbra: Almedina.

Marsden, C. et al. (2020). Platform values and democratic elections: how can the law regulate digital disinformation?. *Computer Law & Security Review, 36*, 105373.

Medeiros, R. (2019). *A constituição portuguesa num contexto global.* Lisboa: Universidade Católica Editora.

Miranda, J.

— (2014). *Manual de direito constitucional (Vol. I, Tomo I.1).* Coimbra: Coimbra Editora.

— (2017). *Direitos fundamentais.* Coimbra: Almedina.

Miranda, J., & Medeiros, R. (2017). *Constituição portuguesa anotada – Vol. I.* Lisboa: Universidade Católica Editora.

Mitchell, A. et al. (2018, May 14). Western Europe, public attitudes toward news media more divided by populist views than left-right ideology. Pew Research Center.

Nabais, J. C. (2007). *Por uma liberdade com responsabilidade: estudos sobre direitos e deveres fundamentais.* Coimbra: Coimbra Editora.

Nuñez, F. (2020). Disinformation legislation and freedom of expression. *UC Irvine Law Review, 10*(2), pp. 783-98.

Pernice, I.

— (1999). Multilevel constitutionalism and the Treaty of Amsterdam: European constitution-making revisited? *Common Market Law Review, 36*(4), pp. 703-750.

— (2017). *Risk management in the digital constellation – a constitutional perspective.* Hiig Discussion Paper Series, 7, pp. 1-33.

Pinheiro, A. S. (2015). *Privacy e proteção de dados pessoais: a construção dogmática do direito à identidade informacional.* Lisboa: AAFDL Editora.

Pollicino, O. (2021). *Judicial protection of fundamental rights on the internet: a road towards digital constitutionalism?* United Kingdom: Hart Publishing.

Rodrigues, A. M., & Figueiredo, E. A. S. (2023). The Portuguese Charter of Human Rights in the Digital Age – brief remarks on Article 9. *RIDP – Revue Internationale de Droit Pénal, 94*(2), 335-352.

Schwab, K. (2016). *A quarta revolução industrial.* (R. Candeias, Trad.) LEVOIR.

Sessa, M. G. (2023). *Connecting the disinformation dots – Insights, lessons, and guidance from 20 EU Member States.* EU DisinfoLab.

Silva, J. P. (2024). *Direitos fundamentais para o universo digital.* Fundação Francisco Manuel dos Santos.

Soares, R. E. (1986). O conceito ocidental de constituição. *Revista de Legislação e Jurisprudência,* 3743/3744, 36-39 e 69-73.

Sousa, S. M. de (2022). *Constitucionalismo digital: uma introdução.* Almedina.

Suzor, N. P. (2019). *Lawless: the secret rules that govern our digital lives.* Cambridge: Cambridge University Press.

Thibierge, C. et al. (2009). *La force normative: naissance d'un concept.* Paris: LGDJ.

Veiga, P. (2020). Digitalização e Estado Constitucional. *Boletim da Faculdade de Direito da Universidade de Coimbra,* 96(2), pp. 1127-1139.

Vicente, D. M. (2023). Desinformação, liberdade e responsabilidade. *Revista da Faculdade de Direito da Universidade de Lisboa,* 1(1), pp. 497-512.

THE IMPACT OF THE EU REGULATION OF DIGITAL SERVICES ON FUNDAMENTAL RIGHTS: HUMAN RIGHTS COMPLIANCE BY ONLINE PLATFORMS AND SEARCH ENGINES UNDER THE DSA[*]

Alexandre L. Dias Pereira[**]
Universidade de Coimbra
ORCID: 0000-0003-4356-9195

1. Introduction

The growth of the digital economy brought new business models and new players to the forefront acting on a global scale. The rules for the

---

[*] Texto de apoio à palestra ministrada na «Athens Training School on Human Rights and the AI», organizada pela Global Digital Human Rights Network (GDHRNet) e que teve lugar entre 3 e 5 de julho de 2024 no Laboratory of Law and Informatics (L.L.I.) da Athens Law School, National and Kapodistrian University of Athens.
[**] Universidade de Coimbra, Professor Associado da Faculdade de Direito e Investigador do Instituto Jurídico. Membro da Ação COST Global Digital Human Rights Network.

proper functioning of competition in the European market, as well as the challenges to citizens' fundamental rights and the principle of the Rule of Law itself, are entering into crisis. Although the phenomenon is not new, it was found necessary to enact specific legislation to adapt the legal regime to the new challenges of the digital economy, with the European Union assuming the main role in regulating the European market, in particular with the approval of the Digital Services Act (DSA)[1].[2]

The DSA aims to promote a safe, predictable and reliable online environment, facilitating innovation and protecting the fundamental rights enshrined in the Charter of the Union, including the principle of consumer protection (art. 1/1). To this end, the DSA regulates the liability of intermediary service providers and establishes obligations of *due diligence*, without prejudice to other rules governing intermediary services, such as those contained in the provisions on electronic commerce (e-commerce directive)[3], copyright in information society

---

[1] Regulation (EU) 2022/2065 of the European Parliament and of the Council of 19 October 2022 on a Single Market for Digital Services and amending Directive 2000/31/EC (Digital Services Act). For a detailed analysis of the DSA, see Luís Manuel de Menezes Leitão, *Digital Services ACT (DSA) – O Regulamento Europeu 2022/2065 Sobre os Serviços Digitais*, Coimbra, Almedina, 2023; Alexandre L. Dias Pereira, "A Regulação dos Mercados e dos Serviços Digitais na União Europeia", *Revista de legislação e de Jurisprudência*, ano 153.º, n.º 4047 (2024), pp. 382-405.

[2] The EU digital law package includes other regulations, notably the Regulation (EU) 2022/1925 of the European Parliament and of the Council of 14 September 2022 on contestable and fair markets in the digital sector and amending Directives (EU) 2019/1937 and (EU) 2020/1828 (Digital Markets Act), the main purpose of which is to prevent abuses by the main access controllers, as providers of essential platform services, in their position of dominance, to the detriment of (economically dependent) companies willing to access online consumers. On this Regulation see for ex. Pedro A. Miguel Asensio, *Manual de Derecho de las Nuevas Tecnologías. Derecho Digital*, Aranzadi, Cizur Menor, 2023, pp. 211-216, and Alexandre L. Dias Pereira, "Competition in the online platform economy: online sales and advertising under EU competition rules for digital markets", *European Competition Law Review*, 45/8(2024), pp. 354-358. In its judgment of 14 September 2022, Case T-604/18, *Google and Alphabet v. Commission* ('Google Android'), ECLI:EU:T:2022:541, the General Court largely upheld the Commission's decision holding *Google* liable for imposing unlawful restrictions on manufacturers of Android mobile devices and mobile network operators in order to consolidate the dominant position of its search engine. On this case-law, Bernadette Zelger, *Restrictions of EU Competition Law in the Digital Age: The Meaning of 'Effects' in a Digital Economy*, Springer, Cham, 2023.

[3] Directive 2000/31/EC of the European Parliament and of the Council of 8 June 2000 on certain legal aspects of information society services, in particular electronic commerce, in the Internal Market ('Directive on electronic commerce').

(Infosoc)[1] and copyright in the digital market[2] (DMCA), consumer rights (DCA)[3] or the protection of personal data (GDPR)[4]. More recently, the EU has also enacted the AI Act[5].

2. Overview of the DSA

2.1. Scope of application

The DSA applies to intermediary services offered to recipients established or located in the Union, whichever is the place of establishment of the provider (article 2/1). The decisive criterion is not the place where the provider is established, but where it is more likely to offer services to recipients (consumers and professionals) established or located in the Union.

However, according to the recital (6), the DSA applies only to intermediary services and does not affect the requirements established in the EU law or in national legislation in relation to products or services

---

[1] Directive 2001/29/EC of the European Parliament and of the Council of 22 May 2001 on the harmonisation of certain aspects of copyright and related rights in the information society.

[2] Directive (EU) 2019/790 of the European Parliament and of the Council of 17 April 2019 on copyright and related rights in the Digital Single Market and amending Directives 96/9/EC and 2001/29/EC.

[3] Directive 2011/83/EU of the European Parliament and of the Council of 25 October 2011 on consumer rights, amending Council Directive 93/13/EEC and Directive 1999/44/EC of the European Parliament and of the Council and repealing Council Directive 85/577/EEC and Directive 97/7/EC of the European Parliament and of the Council; Directive (EU) 2019/770 of the European Parliament and of the Council of 20 May 2019 on certain aspects concerning contracts for the supply of digital content and digital services, and Directive (EU) 2019/771 of the European Parliament and of the Council of 20 May 2019 on certain aspects concerning contracts for the sale of goods, amending Regulation (EU) 2017/2394; and Directive 2009/22/EC, and repealing Directive 1999/44/EC.

[4] Regulation (EU) 2016/679 of the European Parliament and of the Council of 27 April 2016 on the protection of natural persons with regard to the processing of personal data and on the free movement of such data, and repealing Directive 95/46/EC (General Data Protection Regulation).

[5] Regulation (EU) 2024/1689 of the European Parliament and of the Council of 13 June 2024 laying down harmonised rules on artificial intelligence and amending Regulations (EC) No 300/2008, (EU) No 167/2013, (EU) No 168/2013, (EU) 2018/858, (EU) 2018/1139 and (EU) 2019/2144 and Directives 2014/90/EU, (EU) 2016/797 and (EU) 2020/1828 (Artificial Intelligence Act).

intermediated through intermediary services, such as, for example, platforms like *Uber*, which the Court of Justice classified as transport service:[1] "an intermediation service such as that at issue in the main proceedings, the purpose of which is to connect, by means of a smartphone application and for remuneration, non-professional drivers using their own vehicle with persons who wish to make urban journeys, must be regarded as being inherently linked to a transport service and, accordingly, must be classified as 'a service in the field of transport' within the meaning of Article 58(1) TFEU. Consequently, such a service must be excluded from the scope of Article 56 TFEU, Directive 2006/123 and Directive 2000/31."

For purposes of the DSA, intermediation services are thus limited to mere conduit, temporary storage (caching) and virtual hosting, including online platforms (for ex. *Amazon, Facebook, Instagram*) and search engines (for ex. *Google*). For instance, in *Airbnb Ireland*, the Court of Justice held that "an intermediation service which, by means of an electronic platform, is intended to connect, for remuneration, potential guests with professional or non-professional hosts offering short-term accommodation, while also providing a certain number of services ancillary to that intermediation service, must be classified as an 'information society service' under Directive 2000/31"[2].

2.2. Liability of intermediary service providers

With regard to the liability of intermediary service providers, the DSA eliminated articles 12 to 15 of Directive 2000/31 and replaced them with articles 4, 5, 6 and 8 of the Regulation (Art. 89). The liability exemption regime for the ISP was preserved and incorporated into the DSA, which also clarified certain elements of this regime, taking into

---

[1] Judgment of the Court of 20 December 2017, C434/15, *Elite Taxi c. Uber Systems Spain*, ECLI:EU:C:2017:981.

[2] Judgment of the Court of 19 December 2019, C390/18, *Airbnb Ireland*, ECLI:EU:C:2019:1112.

account, according to recital (16), the case law of the Court of Justice of the European Union developed in particular in the field of online trademark protection[3].

To benefit from liability exemptions, the service provider must act neutrally, through pure and automatic technical processing of the information provided to the recipient of the service, as the automatic processing of information using IT tools alone does not mean that the PSI acquires knowledge of illegalities or illicit content stored on its platform.

As regards B2C platforms, the exemption from responsibility of the hosting provider does not apply, within the scope of consumer protection, in relation to online platforms that allow consumers to enter into distance contracts with merchants (B2C), where the platforms make the average consumer believe that the information, the product or the service object of the transaction is provided by the platform itself online or by a recipient of the service who acts under his authority or control (Art. 6/3). According to recital (24), acting under the authority or control of the platform means, in particular, that the B2C platform: a) determines the price of goods or services offered by the merchant; b) does not clearly present the identity of the trader, refusing to reveal his/her identity or contact until after the contract between the trader and the consumer has been concluded; c) sells the product or service under its own name, instead of using the name of the merchant who will supply this product or service.

This is a solution of strict liability for trust or appearance in order to protect not only consumers, but also trademarks, brands and other distinctive signs. In judgment *Louboutin v. Amazon*, the CJEU ruled that "the operator of an online sales website incorporating, as well as that operator's own sales offerings, an online marketplace may be regarded as itself using a sign which is identical with an EU trade mark of another person for goods which are identical with those for which that trade mark is registered, where third-party sellers offer for sale, on that

---

[3] Concerning trademarks, see judgments of 23 March 2010, C-236/08 to C-238/08, *Google France*, ECLI:EU:C:2010:159, and judgment of 12 July 2011, C-324/09, *L'Oréal/eBay*, ECLI:EU:C:2011:474.

marketplace, without the consent of the proprietor of that trade mark, such goods bearing that sign, if a well-informed and reasonably observant user of that site establishes a link between the services of that operator and the sign at issue, which is in particular the case where, in view of all the circumstances of the situation in question, such a user may have the impression that that operator itself is marketing, in its own name and on its own account, the goods bearing that sign. In that regard, the following are relevant: the fact that that operator uses a uniform method of presenting the offers published on its website, displaying both the advertisements relating to the goods which it sells in its own name and on its own behalf and those relating to goods offered by third-party sellers on that marketplace; the fact that it places its own logo as a renowned distributor on all those advertisements; and the fact that it offers third-party sellers, in connection with the marketing of goods bearing the sign at issue, additional services consisting inter alia in the storing and shipping of those goods."[4]

2.3. Obligations of «due diligence» of intermediary providers of digital services

The DSA establishes *due diligence* obligations on intermediary providers of digital services. Micro or small undertakings are exempted from most of them.

The DSA provides 4 layers of due diligence obligations of intermediary digital service providers: a) due diligence obligations of intermediary digital service providers in general (mere conduit, caching and virtual hosting, including online platforms and search engines); b) specific obliga-tions for digital hosting service providers, including online platforms; c) specific obligations of B2C online platforms; d) specific obligations

---

[4] Judgment of the Court (Grand Chamber) of 22 December 2022, *Christian Louboutin v. Amazon Europe Core Sàrl and Others*, ECLI:EU:C:2022:1016. See Luís de Menezes Leitão, "O novo *Regulamento europeu 2022/2065 sobre os serviços digitais: o Digital Services Act (DSA)*", *RFDUL – Revista da Faculdade de Direito da Universidade de Lisboa*, vol. 64 (2023), n.º 1, tomo 2, pp. 1449-1468, 1459.

of Very Large Online Platforms (VLOP) and Very Large Online Search Engines (VLOSE) in order to manage systemic risks.

2.3.1. Due diligence obligations of intermediary digital service providers in general

The due diligence obligations of intermediary digital service providers in general are as follows:

1.º to designate contact points or, when they are not established in the Union, a legal representative;
2.º transparency of the terms and conditions of use of the service with respect to restrictions on the information provided by recipients of the service, for example, with respect to the content moderation policy;
3.º to provide annual transparency reports on content moderation, in particular on the number of notifications sent, mainly by trusted flaggers, and on the use of automated content moderation tools.

2.3.2. Specific obligations for digital hosting service providers, including online platforms

In addition, digital hosting service providers, including online platforms have specific due diligence obligations[5], such as:

1.º to provide notification and action mechanisms ("notice and withdrawal");
2.º to be aware of the effective knowledge of illegality, without the need for a detailed legal examination, of certain information that has been notified to them;

---

[5] Notwithstanding specific obligations for purposes of copyright compliance provided by the Digital Market Copyright Directive. See for ex. Alexandre Dias Pereira, "Upload filters for obvious copyright infringements", *European Intellectual Property Review*, vol. 45/5 (2023), pp. 266-269.

3.º to justify the deletion or blocking of content, explaining to the recipients the reasons for the restrictions imposed knowing that the information provided by them is illegal or incompatible with the terms and conditions of use of the service;

4.º to notify the authorities of the member states about alleged crimes against life or the security of people;

5.º to have an internal system for handling queries against decisions to delete/block or not delete/block content;

6.º to recognize the user's right to appeal to any extrajudicial conflict resolution body certified by the Digital Services Coordinator;

7.º to give priority to notifications sent by trusted flaggers;

8.º to adopt protection measures against the misuse of its services by recipients who frequently provide manifestly illicit content or whistle-blowers who frequently present manifestly unfounded content;

9.º to deliver transparency reports, particularly on disputes in extrajudicial terminations or suspensions of accounts;

10.º to design and organize the interface online so as not to deceive or manipulate the recipients of the services or to distort or materially harm the capacity of the recipients of the service to make free and informed decisions.

Special *advertising rules* also establish specific obligations for providers of digital hosting services, including online platforms, such as:

1.º to identify, in real time, advertising, advertisers and parameters to determine the recipients of advertisements;

2.º to do not advertise to recipients of the service based on the creation of profiles, using special categories of personal data such as ethnic origin, religion, health, sexual orientation and when it is reasonably certain that the recipient of the service is underage;

3.º to protect minors online through appropriate and proportionate measures with a high level of privacy, protection and security;

4.º to assure transparency of recommendation systems, with respect to their main parameters and the possibility that recipients change or influence these parameters.

2.3.3. Additional obligations of B2C online platforms

Additional due diligence obligations B2C are provided for online platforms, such as:

1.º to trace traders with their information and contact details;
2.º to inform consumers as soon as they are aware that a merchant has offered an illegal product or service to consumers located in the Union through its services, including the identity of the merchant and any applicable resource;
3.º to ensure compliance by design of the online interface with pre-contractual and product security compliance, and subject to random verification (for example, the consumers' right to precontractual information in the case of digital content or services, about functionality, including technical protection measures, and pertinent compatibility and interoperability of digital content or services).

2.3.4. Specific due diligence obligations of very large online platforms (VLOP) and very large online search engines (VLOSE) to manage systemic risks

In addition to the listed obligations of due diligence, providers of very large online platforms and very large online search engines (VLOP/ /VLOSE) have additional obligations for the management of systemic risks. Very large online platforms or search engines are those which have an average monthly number of active service recipients in the Union of 45 million or more, and are designated as such by the Commission.[6]

Additional obligations specifically tailored for VLOP/VLOSE are notably:

1.º to evaluate the systemic risks of the systems, including, for example, content moderation and recommendation algorithms, in terms of dissemination of illegal content, fundamental rights, civic discourse and electoral processes, public security, gender violence, public health and minors;

2.º to adopt measures to mitigate systemic risks in terms of fundamental rights, e.g., false content markers. According to recital (47),

> When designing, applying and enforcing those restrictions, providers of intermediary services should act in a non-arbitrary and non-discriminatory manner and take into account the rights and legitimate interests of the recipients of the service, including fundamental rights as enshrined in the Charter. For example, providers of very large online platforms should in particular pay due regard to freedom of expression and of information, including media freedom and pluralism. All providers of intermediary services should also pay due regard to relevant international standards for the protection of human rights, such as the United Nations Guiding Principles on Business and Human Rights.
>
> The right to property, including intellectual and industrial property, is one of the fundamental rights in consideration.[7]

3.º to apply the crisis response mechanism in the event of a serious threat to public health or security in the Union;

4.º to carry out an annual independent audit;

5.º to provide at least one option for each of the recommendation systems that are not based on the creation of profiles;

6.º to strengthen advertising transparency by providing a repository with advertisements, advertisers, viewing period, profiles and number of targeted recipients;

---

[7] Recital (52) of DSA: "Those fundamental rights include but are not limited to: [...] for parties affected by illegal content, the right to human dignity, the rights of the child, the right to protection of property, including *intellectual property*, and the right to non-discrimination" (italics added).

7.º to provide access to data, including algorithmic moderation and recommendation systems, to the Digital Services Coordinator or to the Commission with the aim of monitoring and evaluating compliance with the DSA;

8.º to have a compliance function, i.e., a DSA Compliance Officer;

9.º to present semi-annual or quarterly transparency reports;

10.º to pay a supervision fee no higher than 0.05% of the global annual VLOP/VLOSE worldwide annual net income in the preceding financial year.

2.3.5. Jurisdiction and fines

In terms of jurisdiction, rights and fines, the Digital Service Coordinators are responsible for supervision in the provider's country of origin. In Portugal, ANACOM is the Digital Services Coordinator, and sectorial jurisdiction is conferred to ERC and IGAC[8].

However, the Commission has exclusive competence to supervise and sanction VLOP/VLOSE, which means the «Brussels forum» for very large platforms and search engines.

Sanctions can be fines of up to 6% of the provider's annual global turnover in the previous exercise; in relation to non-compliance with obligations, they can be up to 1% of global business volume (Arts. 51 and 52). Fines are also foreseen that do not exceed 5% of the average daily income or the average annual global turnover of the previous exercise.[9]

---

[8] Decree-Law No. 20-B/2024 of February 16.

[9] See recent figures for main digital corporations (in billion US dollars) at https://www.statista.com/topics/4213/google-apple-facebook-amazon-and-microsoft-gafam/#topicOverview

3. Fundamental Rights Compliance By Online Platforms And Search Engines Under the DSA

The DSA, adopted by the European Union in 2022, aims to establish a robust regulatory framework for digital platforms and search engines, ensuring they comply with fundamental rights standards. Compliance by online platforms and search engines is addressed by the DSA in several aspects, in particular by upholding freedom of expression, protecting the right to privacy and personal data and providing accountability mechanisms, as well as by protecting against harmful content, in special regarding vulnerable groups, and establishing due diligence obligations, human rights impact assessments, collaboration with public authorities, and empowerment of users. Enforcement of the Regulation is pursued by jurisdiction and heavy penalties for non-compliance.

3.1. Upholding freedom of expression

Under the DSA, platforms and search engines must respect freedom of expression when moderating content. They are required to provide clear reasons when content is removed or restricted, ensuring users understand why their content was affected. Content removal must be based on terms that align with EU law and fundamental rights, preventing overreach in censorship. Moreover, platforms and search engines must publish regular reports detailing content moderation activities, including the number of content removals and the reasoning behind them. This promotes transparency and ensures moderation decisions respect freedom of speech.[10]

---

[10] On the relation between trademark protection and fundamental rights, in special freedom of expression and information, see Maria Miguel Carvalho, *Quo Vadis Direito de Marcas? Reflexão sobre a necessidade de redimensionamento do seu alcance a partir da tutela da marca de prestígio*, Coimbra, Almedina, 2023.

3.2. Right to privacy and data protection

The DSA restricts platforms' and search engines' use of sensitive personal data (e.g., ethnicity, political beliefs) for targeted advertising. This enhances users' right to privacy and aligns with the General Data Protection Regulation (GDPR). Moreover, platforms must inform users about the algorithms that shape content rankings and recommendations (algorithmic transparency[11]). This gives users more control over their data and ensures that automated systems respect users' rights to fair treatment.

3.3. Accountability mechanisms

Platforms must provide users with accessible and fair mechanisms to contest decisions (e.g., content takedowns or account suspensions), so that users can challenge decisions that violate their rights, such as wrongful removal of content (internal complaint handling). Moreover, platforms must also guarantee external dispute resolution bodies to handle content moderation issues (independent out-of-court bodies). This allows users to resolve disputes without resorting to lengthy legal processes, ensuring efficient protection of their rights.

3.4. Protection against harmful content and protection of vulnerable groups (e.g. minors)

Platforms are required to act quickly to remove illegal content (e.g., hate speech, terrorism-related material) while balancing this obligation against the need to safeguard users' rights. The DSA emphasizes the importance of not removing content simply based on its harmfulness,

---

[11] The current importance of algorithms has led to talk of the "tyranny of algorithms" (Miguel Benasayag, *La Tyrannie des algoritmes*, Ed. Textuel, Paris, 2019), and the need to design ethical and socially responsible algorithms (Michael Kearns, Aaron Roth, *El algoritmo ético. La ciência del diseño de algoritmos socialmente responsables*, Wolters Kluwer, Madrid, 2020). To this end, the European Comission has created a *European Centre for Algorithmic Transparency*, with headquarters in Seville, Spain: https://ec.europa.eu/commission/presscorner/detail/en/ip_23_2186

unless it explicitly violates the law. Moreover, platforms and search engines classified as Very Large Online Platforms (e.g., Google, Meta) must conduct annual risk assessments to identify risks to fundamental rights, including freedom of expression, privacy, intellectual property, and discrimination (risk mitigation). They must take measures to mitigate these risks while being accountable to independent auditors.

Concerning vulnerable groups, platforms interacting with minors have to comply with stricter measures and higher standards for protection. For example, profiling and targeted advertising based on minors' data are prohibited, ensuring their right to privacy and protection from exploitation. Moreover, platforms are required to ensure accessibility for users with disabilities, allowing them to enjoy their digital rights without discrimination.

3.5. Obligations of due diligence and fundamental rights impact assessments

VLOPs are expected to carry out risk assessments on how their services impact fundamental rights, including the rights to privacy, freedom of speech, and non-discrimination. They must identify and mitigate systemic risks like the spread of disinformation or amplification of harmful content. On the other hand, independent audits ensure that platforms and search engines follow due diligence processes and adhere to the DSA fundamental rights requirements. Failure to comply can result in significant fines and penalties. Indeed, platforms that fail to comply with the DSA's human rights-related provisions can face fines of up to 6% of their global revenue. This creates a strong incentive for compliance with fundamental rights standards, without prejudice to other regulations.

According to the preamble, "third parties potentially affected should be afforded the opportunity to be heard and such orders should only be issued when powers to take such measures as provided by other acts of Union law or by national law, for instance to [...] disable access to services that are being used by a third party to infringe an intellectual property right, are not reasonably available."[12]

3.6. Collaboration with public authorities and empowerment of users

Platforms are required to collaborate with EU public authorities by removing illegal content and sharing data where necessary, such as in cases involving national security. However, they must balance this with protecting users' privacy rights and preventing overreach by governments. Moreover, search engines and platforms must provide users with detailed information about the operation of their services, including content moderation rules, data collection practices, and terms of service. This transparency is key to empowering users to make informed decisions about their use of digital services.

Empowerment of users is also pursued through control over algorithms. Users must be given control over content recommendations and advertising settings. For instance, platforms must offer users the option to turn off personalized recommendations based on tracking, empowering them to control how their data is used.

3.7. Disinformation and media literacy

Platforms and search engines providers are encouraged to sign up for the EU's Code of Practice on Disinformation.[13] While this is a voluntary initiative, participation in this program ensures that they are actively taking steps to combat the spread of false information while safeguarding freedom of expression. Moreover, the DSA supports

---

[12] Recital (119) DSA.

[13] https://digital-strategy.ec.europa.eu/en/policies/code-practice-disinformation

initiatives to promote fact-checking and media literacy, helping users critically assess the content they encounter online.

4. Conclusion

The DSA provides a comprehensive framework for ensuring that online platforms and search engines operate in a way that respects and promotes fundamental rights, including intellectual property. The Act emphasizes transparency, user protection, and accountability, balancing the need for content regulation with the protection of fundamental rights like freedom of expression, privacy and intellectual property. It is designed to regulate digital platforms and services, with a focus on creating a safer and more transparent online environment. Its impact in terms of trademark protection will certainly be high because it introduces new obligations for platforms to prevent violations of fundamental rights, including intellectual property.

The DSA places greater responsibilities on online intermediaries, especially online marketplaces, in the management of illegal content, including products that violate fundamental rights. Platforms are now required to act more proactively to remove and prevent offences to fundamental rights, the protection of which is strengthened because the DSA requires platforms to implement efficient processes for handling notices of illegal content, ensuring faster removal of infringing products or services (notice and action mechanisms). In addition, platforms with more than 45 million users (e.g. Amazon) have stricter obligations, such as taking proactive measures against piracy and disclosing how they handle such content. This is a heightened duty of care for very large platforms.

The DSA introduces transparency and accountability obligations, requiring platforms to regularly publish transparency reports on how they deal with content moderation and infringements, including violations of fundamental rights. It also empowers "trusted flaggers" to report infringements. Since platforms must prioritise such reports, the likelihood of such action being taken against fundamental rights violations increases.

The heightened obligations of due diligence also means that platforms now have to collect and verify information about traders (i.e. 'know your business customer' obligations), thereby reducing the anonymity of sellers and enabling more effective monitoring of the legality of digital marketplaces.

In short, the DSA and other EU digital law regulations are relevant steps forward to promote the Rule of Law in cyberspace.[14] Not so long ago it was said that: "Courts are disabled, legislatures pathetic, and code untouchable. That is our present condition."[15]

A quarter of a century later, the EU has built a robust legal framework to deal with the challenges of the digital world, of which the DSA is a most relevant part. Hopefully law in action will match with law in the books, and the European market and citizen are not left alone in the hands of digital moguls.

References

Asensio, P. A. de M. (2023). *Manual de Derecho de las Nuevas Tecnologías. Derecho Digital*. Aranzadi.

Benasayag, M. (2019). *La Tyrannie des algoritmes*. Textuel.

Carvalho, M. M. (2023). *Quo Vadis Direito de Marcas? Reflexão sobre a necessidade de redimensionamento do seu alcance a partir da tutela da marca de prestígio*. Almedina.

Court of Justice of the European Union.

— (2010). *Judgment of 23 March 2010, C-236/08 to C-238/08, Google France*. ECLI:EU:C:2010:159.

— (2011). *Judgment of 12 July 2011, C-324/09, L'Oréal/eBay*, ECLI:EU:C:2011:474.

---

[14] See Dias Pereira, A.L., "Direito ciberespacial: 'soft law ou hard law'?, *Estudos em homenagem ao Prof. Doutor José Joaquim Gomes Canotilho*, org. Alves Correia, F.; Machado, J.; Loureiro, J.C., vol. 3, Coimbra: Coimbra Editora, 2012, p. 685-710.

[15] Lessig, L., *Code and Other Laws of Cyberspace*, Basic Books, New York, 1999, p. 221.

— (2017). *Judgment of the Court of 20 December 2017, C-434/15, Elite Taxi c. Uber Systems Spain*, ECLI:EU:C:2017:981.

— (2019). *Judgment of the Court of 19 December 2019, C-390/18, Airbnb Ireland*, ECLI:EU:C:2019:1112.

— (2022). *Judgment of the Court (Grand Chamber) of 22 December 2022, Christian Louboutin v. Amazon Europe Core Sàrl and Others.* ECLI:EU:C:2022:1016.

European Commission.

— (2022). *The 2022 Code of Practice on Disinformation.* https://digital-strategy. ec.europa.eu/en/policies/code-practice-disinformation . Acesso em 20 de janeiro de 2025.

— (2023). *DSA enforcement: Commission launches European Centre for Algorithmic Transparency.* https://ec.europa.eu/commission/presscorner/detail/en/ip_23_2186. Acesso em 20 de janeiro de 2025.

— (2024). *Supervision of the designated very large online platforms and search engines under DAS.* https://digital-strategy.ec.europa.eu/en/policies/list-designated-vlops-and-vloses . Acesso em 20 de janeiro de 2025.

European Parliament & Council. (2022). *Regulation (EU) 2022/2065 of the European Parliament and of the Council of 19 October 2022 on a Single Market For Digital Services and amending Directive 2000/31/EC (Digital Services Act).*

General Court of the European Union. (2022). *Judgment of 14 September 2022, case T-604/18, Google and Alphabet v. Commission ('Google Android'),* ECLI:EU:T:2022:541

Kearns, M., & Roth, A. (2020). *El algoritmo ético. La ciência del diseño de algoritmos socialmente responsables.* Wolters Kluwer.

Lessig, L. (1999). *Code and Other Laws of Cyberspace.* Basic Books.

Menezes Leitão, L. M. de

— (2023a). O novo Regulamento europeu 2022/2065 sobre os serviços digitais: o Digital Services Act (DSA). *Revista da Faculdade de Direito da Universidade de Lisboa, 64*(1-2), 1449-1468.

— (2023b). *Digital Services ACT (DSA) – O Regulamento Europeu 2022/2065 Sobre os Serviços Digitais,* Coimbra, Almedina.

Pereira, A. L. D.

— (2012). Direito ciberespacial: 'soft law ou hard law'?. In F. Alves Correia, J. Machado, & J.C. Loureiro (Eds.) *Estudos em homenagem ao Prof. Doutor José Joaquim Gomes Canotilho* (Vol. 3, pp. 685-710). Coimbra Editora.

— (2023). Upload filters for obvious copyright infringements. *European Intellectual Property Review, 45*(5), 266-269.

— (2024). A Regulação dos Mercados e dos Serviços Digitais na União Europeia. *Revista de legislação e de Jurisprudência*, 153(4047), 382-405.

— (2024). Competition in the online platform economy: online sales and advertising under EU competition rules for digital markets. *European Competition Law Review, 45*(8), 354-358.

Statista. (2024). Google, Amazon, Meta, Apple, and Microsoft (GAMAM) – Statistics & Facts. https://www.statista.com/topics/4213/google-apple-facebook-amazon-and-microsoft-gafam/#topicOverview . Acesso em 20 de janeiro de 2025.

Zelger, B. (2023). *Restrictions of EU Competition Law in the Digital Age: The Meaning of 'Effects' in a Digital Economy.* Springer.

ANEXO I
Carta Portuguesa de Direitos Humanos na Era Digital, aprovada pela Lei n.º 27/2021 de 17 de maio, alterada pela Lei n.º 5/2022, de 11 de agosto[*]

Carta Portuguesa de Direitos Humanos na Era Digital

Lei n.º 27/2021 de 17 de maio Sumário: Carta Portuguesa de Direitos Humanos na Era Digital. Carta Portuguesa de Direitos Humanos na Era Digital A Assembleia da República decreta, nos termos da alínea c) do artigo 161.º da Constituição, o seguinte:

Artigo 1.º **Objeto**

A presente lei aprova a Carta Portuguesa de Direitos Humanos na Era Digital.

---

[*] https://diariodarepublica.pt/dr/legislacao-consolidada/lei/2021-164870244

Artigo 2.º **Direitos em ambiente digital**

1 – A República Portuguesa participa no processo mundial de transformação da Internet num instrumento de conquista de liberdade, igualdade e justiça social e num espaço de promoção, proteção e livre exercício dos direitos humanos, com vista a uma inclusão social em ambiente digital. 2 – As normas que na ordem jurídica portuguesa consagram e tutelam direitos, liberdades e garantias são plenamente aplicáveis no ciberespaço.

Artigo 3.º **Direito de acesso ao ambiente digital**

1 – Todos, independentemente da ascendência, género, raça, língua, território de origem, religião, convicções políticas ou ideológicas, instrução, situação económica, condição social ou orientação sexual, têm o direito de livre acesso à Internet. 2 – Com vista a assegurar um ambiente digital que fomente e defenda os direitos humanos, compete ao Estado promover: a) O uso autónomo e responsável da Internet e o livre acesso às tecnologias de informação e comunicação; b) A definição e execução de programas de promoção da igualdade de género e das competências digitais nas diversas faixas etárias; c) A eliminação de barreiras no acesso à Internet por pessoas com necessidades especiais a nível físico, sensorial ou cognitivo, designadamente através da definição e execução de programas com esse fim; d) A redução e eliminação das assimetrias regionais e locais em matéria de conectividade, assegurando a sua existência nos territórios de baixa densidade e garantindo em todo o território nacional conectividade de qualidade, em banda larga e a preço acessível; e) A existência de pontos de acesso gratuitos em espaços públicos, como bibliotecas, juntas de freguesia, centros comunitários, jardins públicos, hospitais, centros de saúde, escolas e outros serviços públicos; f) A criação de uma tarifa social de acesso a serviços de Internet aplicável a clientes finais economicamente vulneráveis; g) A execução de programas que garantam o acesso a instrumentos e meios tecnológicos e digitais por parte da população, para potenciar as competências digitais e o acesso a plataformas eletrónicas, em particular dos cidadãos mais vulneráveis; h) A adoção de medidas e ações que assegurem uma melhor

acessibilidade e uma utilização mais avisada, que contrarie os comportamentos aditivos e proteja os consumidores digitalmente vulneráveis; i) A continuidade do domínio de Internet de Portugal «.PT», bem como das condições que o tornam acessível tecnológica e financeiramente a todas as pessoas singulares e coletivas para registo de domínios em condições de transparência e igualdade; j) A definição e execução de medidas de combate à disponibilização ilícita e à divulgação de conteúdos ilegais em rede e de defesa dos direitos de propriedade intelectual e das vítimas de crimes praticados no ciberespaço.

Artigo 4.º **Liberdade de expressão e criação em ambiente digital**

1 – Todos têm o direito de exprimir e divulgar o seu pensamento, bem como de criar, procurar, obter e partilhar ou difundir informações e opiniões em ambiente digital, de forma livre, sem qualquer tipo ou forma de censura, sem prejuízo do disposto na lei relativamente a condutas ilícitas. 2 – A República Portuguesa participa nos esforços internacionais para que o ciberespaço permaneça aberto à livre circulação das ideias e da informação e assegure a mais ampla liberdade de expressão, assim como a liberdade de imprensa. 3 – Todos têm o direito de beneficiar de medidas públicas de promoção da utilização responsável do ciberespaço e de proteção contra todas as formas de discriminação e crime, nomeadamente contra a apologia do terrorismo, o incitamento ao ódio e à violência contra pessoa ou grupo de pessoas por causa da sua raça, cor, origem étnica ou nacional, ascendência, religião, sexo, orientação sexual, identidade de género ou deficiência física ou psíquica, o assédio ou exploração sexual de crianças, a mutilação genital feminina e a perseguição. 4 – A criação de obras literárias, científicas ou artísticas originais, bem como as equiparadas a originais e as prestações dos artistas intérpretes ou executantes, dos produtores de fonogramas e de videogramas e dos organismos de radiodifusão gozam de especial proteção contra a violação do disposto no Código do Direito de Autor e dos Direitos Conexos, aprovado pelo Decreto-Lei n.º 63/85, de 14 de março, em ambiente digital.

Artigo 5.º **Garantia do acesso e uso**

É proibida a interrupção intencional de acesso à Internet, seja parcial ou total, ou a limitação da disseminação de informação ou de outros conteúdos, salvo nos casos previstos na lei.

Artigo 6.º **Direito à proteção contra a desinformação**

1 – O Estado assegura o cumprimento em Portugal do Plano Europeu de Ação contra a Desinformação, por forma a proteger a sociedade contra pessoas singulares ou coletivas, de jure ou de facto, que produzam, reproduzam ou difundam narrativa considerada desinformação. 2 – (Revogado.) 3 – (Revogado.) 4 – (Revogado.) 5 – (Revogado.) 6 – (Revogado.)

Artigo 7.º **Direitos de reunião, manifestação, associação e participação em ambiente digital**

1 – A todos é assegurado o direito de reunião, manifestação, associação e participação de modo pacífico em ambiente digital e através dele, designadamente para fins políticos, sociais e culturais, bem como de usar meios de comunicação digitais para a organização e divulgação de ações cívicas ou a sua realização no ciberespaço. 2 – Os órgãos de soberania e de poder regional e local asseguram a possibilidade de exercício dos direitos de participação legalmente previstos através de plataformas digitais ou outros meios digitais.

Artigo 8.º **Direito à privacidade em ambiente digital**

1 – Todos têm direito a comunicar eletronicamente usando a criptografia e outras formas de proteção da identidade ou que evitem a recolha de dados pessoais, designadamente para exercer liberdades civis e políticas sem censura ou discriminação. 2 – O direito à proteção de dados pessoais, incluindo o controlo sobre a sua recolha, o registo, a organização, a estruturação, a conservação, a adaptação ou alteração, a recuperação, a consulta, a utilização, a divulgação por transmissão, difusão ou qualquer outra forma de disponibilização, a comparação ou interconexão, a limitação, o apagamento ou a destruição, é assegurado nos termos legais.

Artigo 9.º **Uso da inteligência artificial e de robôs**

1 – A utilização da inteligência artificial deve ser orientada pelo respeito dos direitos fundamentais, garantindo um justo equilíbrio entre os princípios da explicabilidade, da segurança, da transparência e da responsabilidade, que atenda às circunstâncias de cada caso concreto e estabeleça processos destinados a evitar quaisquer preconceitos e formas de discriminação. 2 – As decisões com impacto significativo na esfera dos destinatários que sejam tomadas mediante o uso de algoritmos devem ser comunicadas aos interessados, sendo suscetíveis de recurso e auditáveis, nos termos previstos na lei. 3 – São aplicáveis à criação e ao uso de robôs os princípios da beneficência, da não-maleficência, do respeito pela autonomia humana e pela justiça, bem como os princípios e valores consagrados no artigo 2.º do Tratado da União Europeia, designadamente a não discriminação e a tolerância.

Artigo 10.º **Direito à neutralidade da Internet**

Todos têm direito a que os conteúdos transmitidos e recebidos em ambiente digital não sejam sujeitos a discriminação, restrição ou interferência em relação ao remetente, ao destinatário, ao tipo ou conteúdo da informação, ao dispositivo ou aplicações utilizados, ou, em geral, a escolhas legítimas das pessoas.

Artigo 11.º **Direito ao desenvolvimento de competências digitais**

1 – Todos têm direito à educação para a aquisição e o desenvolvimento de competências digitais. 2 – O Estado promove e executa programas que incentivem e facilitem o acesso, por parte das várias faixas etárias da população, a meios e instrumentos digitais e tecnológicos, por forma a assegurar, designadamente, a educação através da Internet e a utilização crescente de serviços públicos digitais. 3 – O serviço público de comunicação social audiovisual contribui para a educação digital dos utilizadores das várias faixas etárias e promove a divulgação da presente lei e demais legislação aplicável.

Artigo 12.º **Direito à identidade e outros direitos pessoais**

1 – Todos têm direito à identidade pessoal, ao bom nome e à reputação, à imagem e à palavra, bem como à sua integridade moral em ambiente

digital. 2 – Incumbe ao Estado: a) Combater a usurpação de identidade e incentivar a criação de plataformas que permitam o uso pelo cidadão de meios seguros de autenticação eletrónica; b) Promover mecanismos que visem o aumento da segurança e da confiança nas transações comerciais, em especial na ótica da defesa do consumidor. 3 – Fora dos casos previstos na lei, é proibida qualquer forma de utilização de código bidimensional ou de dimensão superior para tratar e difundir informação sobre o estado de saúde ou qualquer outro aspeto relacionado com a origem racial ou étnica, as opiniões políticas, as convicções religiosas ou filosóficas, ou a filiação sindical, bem como dados genéticos, dados biométricos ou dados relativos à vida sexual ou orientação sexual de uma pessoa.

Artigo 13.º **Direito ao esquecimento**

1 – Todos têm o direito de obter do Estado apoio no exercício do direito ao apagamento de dados pessoais que lhes digam respeito, nos termos e nas condições estabelecidas na legislação europeia e nacional aplicáveis. 2 – O direito ao esquecimento pode ser exercido a título póstumo por qualquer herdeiro do titular do direito, salvo quando este tenha feito determinação em sentido contrário.

Artigo 14.º **Direitos em plataformas digitais**

1 – Na utilização de plataformas digitais, todos têm o direito de: a) Receber informação clara e simples sobre as condições de prestação de serviços quando utilizem plataformas que viabilizam fluxos de informação e comunicação; b) Exercer nessas plataformas os direitos garantidos pela presente Carta e na demais legislação aplicável; c) Ver garantida a proteção do seu perfil, incluindo a sua recuperação se necessário, bem como de obter cópia dos dados pessoais que lhes digam respeito nos termos previstos na lei; d) Apresentar reclamações e recorrer a meios alternativos de resolução de conflitos nos termos previstos na lei. 2 – O Estado promove a utilização pelas plataformas digitais de sinaléticas gráficas que transmitam de forma clara e simples a política de privacidade que asseguram aos seus utilizadores.

Artigo 15.º **Direito à cibersegurança**

1 – Todos têm direito à segurança no ciberespaço, incumbindo ao Estado definir políticas públicas que garantam a proteção dos cidadãos e das redes e sistemas de informação, e que criem mecanismos que aumentem a segurança no uso da Internet, em especial por parte de crianças e jovens. 2 – O Centro Nacional de Cibersegurança promove, em articulação com as demais entidades públicas competentes e parceiros privados, a formação dos cidadãos e empresas para adquirirem capacitação prática e beneficiarem de serviços online de prevenção e neutralização de ameaças à segurança no ciberespaço, sendo para esse efeito dotado de autonomia administrativa e financeira.

Artigo 16.º **Direito à liberdade de criação e à proteção dos conteúdos**

1 – Todos têm direito à livre criação intelectual, artística, científica e técnica, bem como a beneficiarem, no ambiente digital, da proteção legalmente conferida às obras, prestações, produções e outros conteúdos protegidos por direitos de propriedade intelectual. 2 – As medidas proporcionais, adequadas e eficazes com vista a impedir o acesso ou a remover conteúdos disponibilizados em manifesta violação do direito de autor e direitos conexos são objeto de lei especial.

Artigo 17.º **Direito à proteção contra a geolocalização abusiva**

1 – Todos têm direito à proteção contra a recolha e o tratamento ilegais de informação sobre a sua localização quando efetuem uma chamada obtida a partir de qualquer equipamento. 2 – A utilização dos dados da posição geográfica do equipamento de um utilizador só pode ser feita com o seu consentimento ou autorização legal.

Artigo 18.º **Direito ao testamento digital**

1 – Todas as pessoas podem manifestar antecipadamente a sua vontade no que concerne à disposição dos seus conteúdos e dados pessoais, designadamente os constantes dos seus perfis e contas pessoais em plataformas digitais, nos termos das condições contratuais de prestação do serviço e da legislação aplicável, inclusive quanto à

capacidade testamentária. 2 – A supressão póstuma de perfis pessoais em redes sociais ou similares por herdeiros não pode ter lugar se o titular do direito tiver deixado indicação em contrário junto dos responsáveis do serviço.

Artigo 19.º **Direitos digitais face à Administração Pública**

Perante a Administração Pública, a todos é reconhecido o direito: a) A beneficiar da transição para procedimentos administrativos digitais; b) A obter informação digital relativamente a procedimentos e atos administrativos e a comunicar com os decisores; c) À assistência pessoal no caso de procedimentos exclusivamente digitais; d) A que dados prestados a um serviço sejam partilhados com outro, nos casos legalmente previstos; e) A beneficiar de regimes de «dados abertos» que facultem o acesso a dados constantes das aplicações informáticas de serviços públicos e permitam a sua reutilização, nos termos previstos na lei; f) De livre utilização de uma plataforma digital europeia única para a prestação de acesso a informações, nos termos do Regulamento (UE) 2018/1724 do Parlamento Europeu e do Conselho, de 2 de outubro de 2018.

Artigo 20.º **Direito das crianças**

1 – As crianças têm direito a proteção especial e aos cuidados necessários ao seu bem-estar e segurança no ciberespaço. 2 – As crianças podem exprimir livremente a sua opinião e têm a liberdade de receber e transmitir informações ou ideias, em função da sua idade e maturidade.

Artigo 21.º **Ação popular digital e outras garantias**

1 – Para defesa do disposto na presente lei, a todos são reconhecidos os direitos previstos na legislação referente à ação popular, devidamente adaptada à realidade do ambiente digital. 2 – O Estado apoia o exercício pelos cidadãos dos direitos de reclamação, de recurso e de acesso a formas alternativas de resolução de litígios emergentes de relações jurídicas estabelecidas no ciberespaço. 3 – As pessoas coletivas sem fins lucrativos que se dediquem à promoção e defesa do disposto na presente Carta

têm o direito a obter o estatuto de utilidade pública, nos termos da legislação aplicável às entidades de caráter cultural. 4 – Os direitos assegurados em processo administrativo em suporte eletrónico, nos termos do disposto no n.º 3 do artigo 64.º do Código do Procedimento Administrativo, são objeto de legislação própria, a aprovar no prazo de 180 dias após a entrada em vigor da presente lei.

Artigo 22.º **Direito transitório**

Até à entrada em vigor da lei prevista no n.º 2 do artigo 16.º são aplicáveis as normas vigentes que regulam o impedimento do acesso ou remoção de conteúdos disponibilizados em violação do direito de autor e direitos conexos.

Artigo 23.º **Entrada em vigor**

A presente lei entra em vigor 60 dias após a sua publicação.

Aprovada em 8 de abril de 2021. O Presidente da Assembleia da República, Eduardo Ferro Rodrigues. Promulgada em 8 de maio de 2021. Publique-se. O Presidente da República, Marcelo Rebelo de Sousa. Referendada em 11 de maio de 2021. O Primeiro-Ministro, António Luís Santos da Costa

ANEXO II
Declaração Europeia sobre os direitos e princípios digitais para a década digital (2023/C 23/01)[*]

Declaração Conjunta europeia sobre os direitos e princípios digitais para a década digital

O Parlamento Europeu, o Conselho e a Comissão proclamam solenemente a seguinte Declaração conjunta sobre os direitos e princípios digitais para a década digital

Preâmbulo

Considerando o seguinte:

(1) A transformação digital afeta todos os aspetos da vida das pessoas. Oferece oportunidades significativas para uma melhor qualidade de vida, inovação, crescimento económico e sustentabilidade, mas também coloca novos desafios ao tecido, à segurança e à estabilidade das nossas sociedades e economias. Com a aceleração da transformação digital, chegou o momento de a União Europeia

[*] https://eur-lex.europa.eu/legal-ontent/PT/TXT/HTML/?uri=CELEX:32023C0123(01)

(UE) definir a forma como os seus valores e direitos fundamentais devem ser aplicados no mundo em linha.

(2) O Parlamento fez vários apelos para assegurar a plena conformidade da abordagem da União em relação à transformação digital com os direitos fundamentais, como a proteção de dados ou a não discriminação, e com princípios como a neutralidade tecnológica, a neutralidade da rede e a inclusividade[1]. Apelou igualmente ao reforço da proteção dos direitos dos utilizadores no ambiente digital[2].

(3) Com base em iniciativas anteriores, como a «Declaração de Taline sobre a administração pública em linha» e a «Declaração de Berlim sobre a sociedade digital e a governação digital baseada em valores», o Conselho apelou, através da «Declaração de Lisboa – Democracia Digital com Propósito», a um modelo de transformação digital que reforce a dimensão humana do ecossistema digital, tendo como núcleo o Mercado Único Digital. O Conselho apelou igualmente a um modelo de transição digital em que a tecnologia contribua para a necessária ação climática e a proteção do ambiente.

(4) A visão da UE para a transformação digital centra-se nas pessoas, capacita os indivíduos e promove empresas inovadoras. A Comissão apresentou recentemente uma proposta de decisão relativa a um «Guião para a Década Digital», que estabelece os objetivos digitais concretos baseados em quatro pontos fundamentais (competências digitais, infraestruturas digitais, digitalização das empresas e digitalização dos serviços públicos) que nos ajudarão a alcançar esta visão. A via da União para a transformação digital das nossas sociedades e da nossa economia deve abranger a soberania digital, a inclusão, a igualdade, a sustentabilidade, a resiliência, a segurança, a melhoria da qualidade de vida e o respeito pelos direitos e aspirações das pessoas, devendo ainda contribuir para uma economia e uma sociedade dinâmicas, justas e eficientes em termos de recursos na União.

---

[1] 2020/2216(INI)

[2] 2020/2018(INL); 2020/2019(INL); 2020/2022(INI); 2020/2012(INL); 2020/2014(INL); 2020/2015(INI); 2020/2017(INI)

(5) A Declaração visa explicar as intenções políticas comuns. Não só recorda os direitos mais relevantes no contexto da transformação digital como também deve servir de ponto de referência para as empresas e outros intervenientes relevantes na fase de desenvolvimento e implantação de novas tecnologias. A Declaração deve também orientar os decisores políticos na reflexão sobre a sua visão da transformação digital: uma transformação digital centrada nas pessoas; baseada na solidariedade e na inclusão; que reitera a importância da liberdade de escolha; que promove a participação no espaço público digital; que garante a segurança, a proteção, a capacitação e a sustentabilidade.

(6) O controlo democrático da sociedade e da economia digitais deve ser reforçado, no pleno respeito dos princípios do Estado de direito, da eficácia da justiça e da aplicação da lei. A presente declaração não afeta os limites legais ao exercício dos direitos legais, a fim de os conciliar com o exercício de outros direitos, nem as restrições necessárias e proporcionadas no interesse público. A União deve promover a Declaração nas suas relações com outras organizações internacionais e países terceiros, com a ambição de que os princípios sirvam de inspiração para os parceiros internacionais orientarem uma transformação digital que dá prioridade às pessoas e aos seus direitos humanos em todo o mundo.

(7) A presente Declaração baseia-se, nomeadamente, no direito primário da UE, nomeadamente no Tratado da União Europeia, no Tratado sobre o Funcionamento da União Europeia, na Carta dos Direitos Fundamentais da UE e na jurisprudência do Tribunal de Justiça da UE, bem como no direito derivado. Esta iniciativa terá por base e complementará o Pilar Europeu dos Direitos Sociais. Tem natureza declarativa e não afeta, enquanto tal, o conteúdo das normas jurídicas nem a sua aplicação.

(8) A promoção e aplicação dos princípios digitais é um compromisso político e uma responsabilidade comuns da União e dos seus Estados-Membros, no âmbito das respetivas competências, em plena conformidade com o direito da União. A Comissão

propôs que o relatório anual sobre o «Estado da Década Digital», a apresentar ao Parlamento e ao Conselho, inclua o acompanhamento dos princípios digitais.

Declaração Conjunta sobre os direitos e princípios digitais para a década digital

Pretendemos promover uma via europeia para a transição digital, dando prioridade às pessoas. Essa via deve basear-se nos valores europeus e beneficiar todos os cidadãos e empresas.

Por conseguinte, declaramos:

Capítulo I: Dar prioridade às pessoas no processo de transformação digital

As pessoas estão no centro da transformação digital na União Europeia. A tecnologia deve servir e beneficiar todos os europeus e capacitá-los para prosseguirem as suas aspirações, em total segurança e no respeito dos seus direitos fundamentais.

Comprometemo-nos a:
- reforçar o quadro democrático para uma transformação digital que beneficie toda a gente e melhore a vida de todos os europeus;
- tomar as medidas necessárias para assegurar que os valores da União e os direitos das pessoas, tal como reconhecidos pelo direito da União, são respeitados tanto em linha como fora de linha;
- promover uma ação responsável e diligente por parte de todos os intervenientes digitais, públicos e privados, em prol de um ambiente digital seguro e protegido;
- promover ativamente esta visão da transformação digital, incluindo nas nossas relações internacionais.

Capítulo II: Solidariedade e inclusão

Todas as pessoas deveriam ter acesso a uma tecnologia que vise unir e não dividir as pessoas. A transformação digital deve contribuir para uma sociedade e uma economia justas na União.

Comprometemo-nos a:

- garantir que as soluções tecnológicas respeitam os direitos das pessoas, permitir o respetivo exercício e promover a inclusão;
- levar a cabo uma transformação digital que não deixe ninguém para trás. Deve incluir, nomeadamente, os idosos, as pessoas com deficiência ou as pessoas marginalizadas, vulneráveis ou privadas do direito de voto, bem como as pessoas que agem em nome destas;
- desenvolver quadros adequados para que todos os intervenientes no mercado que beneficiam da transformação digital assumam as suas responsabilidades sociais e contribuam de forma justa e proporcionada para os custos dos bens, serviços e infraestruturas públicos, em benefício de todos os europeus.

Conectividade

Todas as pessoas, em toda a UE, devem ter acesso a conectividade digital de alta velocidade e a preços acessíveis.

Comprometemo-nos a:

- garantir o acesso de todos a uma excelente conectividade, independentemente do local onde vivem e dos seus rendimentos;
- proteger uma Internet neutra e aberta em que os conteúdos, serviços e aplicações não sejam bloqueados ou degradados injustificadamente.

Educação e competências digitais

Todas as pessoas têm direito à educação, à formação e à aprendizagem ao longo da vida e devem poder adquirir todas as competências digitais básicas e avançadas.

Comprometemo-nos a:

- promover e apoiar os esforços para dotar todas as instituições de ensino e formação de conectividade, infraestruturas e ferramentas digitais;
- apoiar esforços que permitam aos alunos e professores adquirir e partilhar todas as aptidões e competências digitais necessárias para participar ativamente na economia, na sociedade e em processos democráticos;

– dar a todos a possibilidade de se adaptarem às mudanças introduzidas pela digitalização do trabalho através da melhoria das competências e da requalificação.

Condições de trabalho

Todas as pessoas têm direito a condições de trabalho justas, saudáveis e seguras e a uma proteção adequada no ambiente digital como no local de trabalho físico, independentemente do estatuto, da modalidade ou da duração do seu emprego.

Comprometemo-nos a:

– assegurar que todas as pessoas possam desligar-se e beneficiar de salvaguardas para a conciliação entre a vida profissional e a vida familiar num ambiente digital.

Serviços públicos digitais em linha

Todas as pessoas devem ter acesso a todos os serviços públicos essenciais em linha em toda a União. Ninguém deve ser instado a fornecer dados mais frequentemente do que o necessário aquando do acesso e da utilização de serviços públicos digitais.

Comprometemo-nos a:

– garantir a todos os europeus uma identidade digital acessível, segura e de confiança que dê acesso a uma vasta gama de serviços em linha;
– assegurar uma ampla acessibilidade e reutilização da informação da administração pública;
– facilitar e apoiar o acesso sem descontinuidades, seguro e interoperável, em toda a União, aos serviços digitais de saúde e de prestação de cuidados, incluindo registos de saúde, concebidos para satisfazer as necessidades das pessoas.

Capítulo III: Liberdade de escolha
Interações com algoritmos e sistemas de inteligência artificial

Todas as pessoas devem poder beneficiar das vantagens da inteligência artificial, fazendo escolhas próprias e informadas no ambiente digital, estando simultaneamente protegidas contra os riscos e os danos para a saúde, a segurança e os direitos fundamentais.

Comprometemo-nos a:

– assegurar a transparência sobre a utilização de algoritmos e inteligência artificial e a garantir que as pessoas sejam capacitadas e informadas quando interagem com eles;

– garantir que os sistemas algorítmicos se baseiam em conjuntos de dados adequados para evitar a discriminação ilegal e permitir a supervisão humana dos resultados que afetam as pessoas;

– assegurar que tecnologias como os algoritmos e a inteligência artificial não são utilizadas para determinar previamente as escolhas das pessoas, por exemplo no que diz respeito à saúde, à educação, ao emprego e à sua vida privada;

– prever salvaguardas para assegurar que a inteligência artificial e os sistemas digitais são seguros e utilizados no pleno respeito dos direitos fundamentais das pessoas.

Ambiente em linha seguro

Todas as pessoas devem poder escolher efetivamente os serviços em linha a utilizar, com base em informações objetivas, transparentes e fiáveis.

Todos devem ter a possibilidade de competir de forma justa e de inovar no ambiente digital.

Comprometemo-nos a:

– garantir um ambiente em linha seguro, protegido e justo em que os direitos fundamentais sejam protegidos e as responsabilidades das plataformas, em especial dos grandes intervenientes e dos controladores de acesso, estejam bem definidas.

<u>Capítulo IV: Participação no espaço público digital</u>

Todas as pessoas devem ter acesso a um ambiente em linha fiável, diversificado e multilingue. O acesso a conteúdos diversificados contribui para um debate público pluralista e deve permitir que todos participem no processo democrático.

Todos têm direito à liberdade de expressão no ambiente em linha, sem medo de ser censurados ou intimidados.

Todos devem dispor dos meios para saber quem possui ou controla os serviços de comunicação social que utilizam.

As plataformas em linha de grandes dimensões devem apoiar o debate democrático livre em linha, tendo em conta o papel dos seus serviços na formação da opinião pública e do discurso. Devem atenuar os riscos decorrentes do funcionamento e da utilização dos seus serviços, nomeadamente para campanhas de desinformação, e proteger a liberdade de expressão.

Comprometemo-nos a:

- apoiar o desenvolvimento e a melhor utilização das tecnologias digitais para estimular a participação dos cidadãos e a participação democrática;
- continuar a salvaguardar os direitos fundamentais em linha, nomeadamente a liberdade de expressão e de informação;
- tomar medidas para combater todas as formas de conteúdos ilegais proporcionalmente aos danos que podem causar e no pleno respeito do direito à liberdade de expressão e de informação, sem estabelecer quaisquer obrigações gerais de vigilância;
- criar um ambiente em linha em que as pessoas estejam protegidas contra a desinformação e outras formas de conteúdos nocivos.

Capítulo V: Segurança, proteção e capacitação
Um ambiente em linha protegido e seguro

Todas as pessoas devem ter acesso a tecnologias, produtos e serviços digitais que sejam seguros e protegidos e que protejam a privacidade desde a sua conceção.

Comprometemo-nos a:

- proteger os interesses das pessoas, das empresas e das instituições públicas contra a cibercriminalidade, incluindo violações de dados e ciberataques. Tal inclui a proteção da identidade digital contra a usurpação ou manipulação da identidade;

– combater e responsabilizar aqueles que procuram comprometer a segurança em linha e a integridade do ambiente em linha dos europeus ou que promovem a violência e o ódio através de meios digitais.

Privacidade e controlo individual dos dados

Todas as pessoas têm direito à proteção dos seus dados pessoais em linha. Esse direito inclui o controlo da forma como os dados são utilizados e com quem são partilhados.

Todas as pessoas têm direito à confidencialidade das suas comunicações e das informações sobre os seus dispositivos eletrónicos, e ninguém pode ser sujeito a medidas ilegais de vigilância ou interceção em linha.

Todas as pessoas devem poder determinar o seu legado digital e decidir o que acontece com as informações publicamente disponíveis que lhes dizem respeito após a sua morte.

Comprometemo-nos a:

– assegurar a possibilidade de transferir facilmente dados pessoais entre diferentes serviços digitais.

As crianças e os jovens devem ser protegidos e capacitados em linha

As crianças e os jovens devem poder fazer escolhas seguras e informadas e expressar a sua criatividade no ambiente em linha.

Materiais adaptados à idade devem melhorar as experiências, o bem-estar e a participação das crianças no ambiente digital.

As crianças têm o direito de ser protegidas de todos os crimes cometidos ou facilitados através de tecnologias digitais.

Comprometemo-nos a:

– promover um ambiente digital positivo, adequado à idade e seguro para as crianças e os jovens;

– proporcionar a todas as crianças oportunidades de adquirirem as aptidões e competências necessárias para navegar ativamente e de forma segura, e de fazerem escolhas informadas no ambiente em linha;

– proteger todas as crianças contra conteúdos nocivos e ilegais, exploração, manipulação e abuso em linha e impedir que o espaço digital seja utilizado para cometer ou facilitar crimes.

Capítulo VI: Sustentabilidade

A fim de evitar danos significativos para o ambiente e promover uma economia circular, os produtos e serviços digitais devem ser concebidos, produzidos, utilizados, eliminados e reciclados de forma a minimizar o seu impacto ambiental e social negativo.

Todas as pessoas devem ter acesso a informações precisas e de fácil compreensão sobre o impacto ambiental e o consumo de energia dos produtos e serviços digitais, permitindo-lhes fazer escolhas responsáveis.

Comprometemo-nos a:
– apoiar o desenvolvimento e a utilização de tecnologias digitais sustentáveis que têm um impacto ambiental e social mínimo;
– desenvolver e implantar soluções digitais com um impacto positivo no ambiente e no clima.

NOTAS CURRICULARES DOS AUTORES

Alexandre Libório Dias Pereira é Professor Associado da Faculdade de Direito da Universidade de Coimbra e Investigador do seu Instituto Jurídico. Licenciado, Mestre e Doutor em Direito, na especialidade de Ciências Jurídico-Empresariais, leciona unidades curriculares em diversos ciclos de estudos, orienta dissertações e integra júris de mestrado e de doutoramento. Fez o estágio de advocacia e atuou como jurisconsulto. Organizador e orador convidado de vários eventos científicos. Docente convidado do ISCAC/Coimbra Business School e de diversos Cursos de Pós-graduação ou Especialização em Direito, sobretudo na Universidade de Lisboa e na de Coimbra. Autor de várias monografias (teses, ensaios e manuais) e de centenas de artigos de capítulos de livros e de artigos de revista, em publicações nacionais e internacionais, integra o corpo editorial de várias revistas jurídicas. Foi Estudante Erasmus na Universidade Católica de Lovaina, assistente-estagiário, assistente e professor auxiliar da FDUC, professor Visitante da Universidade de Macau, e investigador visitante do Instituto Max-Planck para a Inovação e Concorrência (Munique). Antigo membro do Conselho Pedagógico da FDUC, da Comissão Especializada em Direito de Autor e Direitos Conexos do Conselho Nacional de Cultura, e Diretor da Imprensa da Universidade de Coimbra. Atua preferencialmente nas áreas do direito empresarial, da propriedade intelectual e das novas tecnologias.

Ana Margarida Simões Gaudêncio é Professora Associada da Faculdade de Direito da Universidade de Coimbra (Portugal), investigadora integrada e membro do Conselho Coordenador do UCILeR (Instituto de Investigação Jurídica da Universidade de Coimbra), e membro fundador da Associação Portuguesa de Teoria e Filosofia do Direito e de Filosofia Social (secção portuguesa da *International Association for Legal and Social Philosophy* – IVR). As suas principais áreas de investigação e docência são a Filosofia do Direito, a Teoria do Direito e a Metodologia do Direito, sobretudo em Estudos Jurídicos Críticos, Tolerância e Direito, Multiculturalismo e Direito, Direito dos Direitos Humanos, Ética e Direito e Direito das Migrações, com conferências em Portugal, Espanha, França, Itália, Polónia, Roménia, Suécia, Suíça, Brasil e Estados Unidos, e diversos projetos de investigação.

Eduardo A. S. Figueiredo é Assistente Convidado da Faculdade de Direito da Universidade de Coimbra; Investigador Colaborador do Instituto Jurídico da Faculdade de Direito da Universidade de Coimbra

Ana Paula Veiga é Professora da Faculdade de Direito da Universidade de Coimbra, onde se licenciou e obteve os graus de mestre e doutor. Docente nas áreas do Direito Constitucional e do Direito Internacional Público, tem investigado sobretudo as temáticas do direito do espaço extra-atmosférico, da organização do poder político no mundo cosmopolita, da cidadania, dos direitos humanos, da corrupção (política) e do constitucionalismo global. É membro do Instituto Jurídico da Faculdade de Direito da Universidade de Coimbra e integra a direção de dois Institutos: o *Ius Gentium Conimbrigae* (IGC) e o Instituto Jurídico da Comunicação (IJC).

A par da atividade académica, desempenhou funções no Comité Económico e Social da União Europeia, no Gabinete do Secretário de Estado do Ministério da Administração Interna, na Comissão Nacional de Proteção de Dados (CNPD) e no Comité para a Utilização Pacífica do Espaço Extra-atmosférico da ONU (COPUOS). No biénio 2021-2023, desempenha funções na Direção da Faculdade de Direito da Universidade de Coimbra (Subdiretora com delegação de competências nas áreas académica e pedagógica). Desde 1 outubro 2021 é Vogal do Conselho Superior dos Tribunais Administrativos e Fiscais. Desde 29 junho 2022 é Juíza *ad hoc* do Tribunal Europeu de Direitos Humanos. Desde 20 outubro 2022 é membro do Conselho Geral do CEJ.

José Magalhães é antigo Deputado à Assembleia da República (legislaturas III a XIV) e Secretário de Estado do XIV, do XVII e do XVIII Governos Constitucionais. Licenciado em Direito pela Faculdade de Direito da Universidade de Lisboa e Mestre em Ciências Jurídico-Políticas pela Faculdade de Direito de Coimbra.

Marta Costa Santos é Professora Auxiliar Convidada da Faculdade de Direito da Universidade de Coimbra; Investigadora Integrada do Instituto Jurídico da Faculdade de Direito da Universidade de Coimbra.

* 9 7 8 9 8 9 9 2 6 2 7 4 2 7 *